花木兰

万里赴戎机，关山度若飞。
朔气传金柝，寒光照铁衣。
——《木兰诗》

汝曹怯弱，为蛇所食，甚可哀愍。
——《搜神记》

李寄

王献之

今穷伪略之理，极草纵之致，不若藁行之间，于往法固殊，大人宜改体。且法既不定，事贵变通，然古法亦局而执。
——《书议》

岁月不居，时节如流。
——《与曹操论盛孝章书》

孔融

诸葛亮

非淡泊无以明志，
非宁静无以致远。
——《诫子书》

仓舒童孺，而有仁人之心，并舟称象，为世开智物理，盖天禀也。
——《习学记言》

曹冲

鹅，鹅，鹅，

曲项向天歌。

——《咏鹅》

骆宾王

陆游

王师北定中原日，

家祭无忘告乃翁。

——《示儿》

天下古今之庸人，皆以一惰

字致败；天下古今之才人，

皆以一傲字致败。

——《曾文正公家书》

曾国藩

甘罗

今臣生十二岁于兹矣，君其试臣，何遽叱乎？

——《史记·樗里子甘茂列传》

缇萦

妾切痛死者不可复生，而刑者不可复续，虽欲改过自新，其道莫由，终不可得。

——《史记 扁鹊仓公列传》

蔡琰

为天有眼兮何不见我独漂流？为神有灵兮何事处我天南海北头？

——《胡笳十八拍》

自古英雄出少年

少年英杰
贯穿华夏

马瑞芳 著

青岛出版集团
青岛出版社

图书在版编目（CIP）数据

少年英杰贯穿华夏 / 马瑞芳著. — 青岛：青岛出版社, 2024.7
ISBN 978-7-5736-2151-1

Ⅰ. ①少… Ⅱ. ①马… Ⅲ. ①少年儿童 – 先进事迹 – 中国 – 少儿
读物 Ⅳ. ①K828.4-49

中国国家版本馆CIP数据核字(2024)第072337号

	ZIGU YINGXIONG CHU SHAONIAN
丛 书 名	**自古英雄出少年**
	SHAONIAN YINGJIE GUANCHUAN HUAXIA
书 名	**少年英杰贯穿华夏**
著 者	马瑞芳
绘 者	夏 和
封面题字	牛运清
出版发行	青岛出版社
社 址	青岛市崂山区海尔路182号（266061）
本社网址	http://www.qdpub.com
邮购电话	0532-68068091
策划编辑	刘 蕾
责任编辑	张佳琳 韩青芸
美术编辑	于 洁 李兰香
印 刷	青岛乐喜力科技发展有限公司
出版日期	2024年7月第1版 2024年7月第1次印刷
开 本	16开（710mm×1000mm）
插 页	1
印 张	11.75
字 数	91千
书 号	ISBN 978-7-5736-2151-1
定 价	36.00元

编校印装质量、盗版监督服务电话：4006532017　0532-68068050
建议陈列类别：少儿人文

目录

序

梁启超的《少年中国说》有这样一段话：

少年智则国智，少年富则国富，

少年强则国强，少年独立则国独立，

少年自由则国自由，少年进步则国进步……

自古英雄出少年，他们做出了什么样的事迹？

一、栋梁之材如何炼成

古代著名的思想家、政治家、军事家、文艺家是怎样从普普通通的少年成长起来的？历史提供了很多范例：

万世师表孔子说"三人行，必有我师"。他不耻下问，遇到有见解的小孩儿，他也虚心向孩子学习。

孟子幼时贪玩，于是孟母三迁，选择了最适合儿子成长的地方；孟子废学时，孟母断掉正在织的布，教育儿子不可半途而废。

振兴楚国的令尹孙叔敖幼年就以勇敢、无私，为民除害闻名。

司马迁肩负发扬家族写史的优秀传统的重任，自幼苦学，历尽千难万苦，写成"史家之绝唱，无韵之离骚"的《史记》。

王羲之幼年练字，池子的水都因洗笔而变黑了。他转益多师又坚持创新，成为"书圣"。

刘晏从一个被皇帝提拔的神童，成长为整个大唐"军国所倚"的理财能手。

范仲淹武能安邦，文能定国，他教育的儿子范纯仁成为宋代著名的布衣宰相。

戏剧舞台上的"黑脸包青天"有真实人物做依据。

欧阳修从一个画荻学字的贫弱少年成长为"唐宋八大家"中宋代六家的带头人。

于谦写下《石灰吟》。他两袖清风，以文治武功挽救明朝。

神童张白圭成长为"救世宰相"张居正。

…………

幼年立宏志，终生苦修炼。这是古代栋梁成材的"秘诀"。

二、生花妙笔从何而来

　　文化是民族的血脉、精神家园。中华五千年文明，涌现出一大批文化巨匠，他们的不凡人生是中华文明史的缩影，他们的佳作闪耀着思想和智慧的光芒。他们的生花妙笔从何而来？

　　写下传世名作的诗人、作家当然需要天赋，更要上下求索、孜孜以求，特别重要的是，要有爱国精神和高洁情怀。

　　屈原不仅创作出无比瑰丽的文学作品，还为后世树立了道德标杆。

　　"才高八斗"的曹植和"七子之冠冕"的王粲，生逢乱世，却有"建安风骨"。他们有理想、有抱负，以文章关注社会、黎民。

　　保持独立人格、不为五斗米折腰的陶渊明，影响了一代又一代的读书人。

　　唐诗不仅是中国文学史的奇迹，也是世界诗歌史的奇迹。"诗佛"王维、"诗仙"李白、"诗圣"杜甫、"诗魔"白居易……他们的清词丽句千古传诵：

　　　　海内存知己，天涯若比邻。（王勃）

　　　　大漠孤烟直，长河落日圆。（王维）

　　　　两岸猿声啼不住，轻舟已过万重山。（李白）

朱门酒肉臭，路有冻死骨。（杜甫）

同是天涯沦落人，相逢何必曾相识。（白居易）

他们的诗歌代表了中国诗歌的成就，他们的人生为后世留下深刻的教益：

不论什么家庭出身，平民也好，贵胄也罢，青史留名的诗人往往经历了少年苦读；

不论来自农村还是城市，青史留名的诗人往往热爱大自然，和大自然相融合；

不论做不做官，做多大官，青史留名的诗人往往关心底层人民疾苦，为民请命；

不论是春风得意还是屡遭磨难，青史留名的诗人往往奋进不止。

十六岁左右以两首《如梦令》登上文坛的李清照，受到齐鲁泉水和传统文化的双重哺育。

天才苏东坡用一篇《石钟山记》说明了真正的杰作不是"得来全不费功夫"的，而是要"思考加独创"。

蒲松龄和曹雪芹是两位小说巨匠；《聊斋志异》《红楼梦》一短一长，是流芳百世的千古绝唱。两部小说的横空出世和他们童年苦读息息相关，和他们对传统的继承、再创造密不可分。

从屈原到曹雪芹，名家巨匠的生花妙笔从何而来？他们的事迹可以给当代青少年启示。

三、少年英杰贯穿华夏

孔融四岁让梨；

曹冲七岁称象；

骆宾王写出"鹅鹅鹅"也是在七岁；

王献之八岁时练字用完三缸水；

甘罗十二岁被秦始皇拜为上卿……

谁说女子不如男？

西汉少女缇萦为了救父，闯皇宫给皇帝送信。她不仅救了父亲，还使得皇帝改变了刑法。

十二三岁的李寄勇敢而有智谋。她战胜凶恶的大蛇，为民除害，为女性争光。

北魏少女木兰女扮男装替父从军，保家卫国，身经百战……

自古以来，中华民族的少年英雄层出不穷。

这些杰出人物的精神应该深深地融入当代青少年的血脉中，成为代代相袭的中华精魂，在实现中华民族伟大复兴的中国梦的进程中，成为青少年学习、成材、为国献身的精神动力。

甘罗

十二拜上卿

人们在谈到古代神童时常这样说：甘罗十二拜相。

其实，甘罗并没有拜相，而是被秦王拜为上卿。

上卿是战国时诸侯国的高官。在大国秦国官拜上卿，虽不是当丞相，但也很显要。

古人按虚岁计算年龄，如果按周岁计龄，甘罗官拜上卿时只有十一岁。为方便叙述，我们仍说他"十二岁拜上卿"。

"甘罗拜上卿"不是小说，不是传说，而是由正史记载的。

鲁迅先生称《史记》为"史家之绝唱，无韵之离骚"。甘罗的事迹是司马迁在《樗（chū）里子甘茂列传》篇末用近千字记录的。

古人在讲到杰出人才时常说：文能治国，武能安邦。意思是说，做文臣能提出治理国家的良策，做武将能战胜强敌，保家卫国。

　　甘罗是靠文治还是武功被秦王拜为上卿的？答案是：既不靠文治，也不靠武功，靠做"说客"。

　　这也太神奇、太离谱了吧？岂不知，在合纵连横的战国，在甘罗之前，舌辩胜强兵、策士灭大将的例子早就屡见不鲜，有的事例还曾被甘罗利用，比如"应侯谗害武安君"。

应侯谗害武安君

"应侯谗害武安君"指的是秦国历史上战功显赫的大将白起被秦国丞相范雎（jū）用谗言害死的事情。

魏国人范雎随中大夫须贾出使齐国，回国后受到误解和羞辱，因此逃到秦国，改名张禄。秦昭王靠范雎的智谋，废黜太后，战胜太后弟穰侯、华阳君及自己的弟弟高陵君等，掌握了秦国实权，又采用范雎的"远交近攻"的策略，使秦国国力不断增强，在诸侯国中的地位上升。秦昭王封范雎为"应侯"。

秦国在秦昭王当政时崛起，蚕食诸侯国，开疆拓土，靠的是大将白起的雄才大略、用兵如神、所向披靡。司马迁在《白起王翦列传》中有详细记载：

秦昭王十四年（前293年），白起受命攻打韩国和魏国的联军，斩敌二十四万人，俘虏大将公孙喜，拿下五座城池，接着率兵过黄河，夺取韩国大片土地。

秦昭王十五年（前292年），白起率兵攻打魏国，夺取大小城邑六十一座，此后一年，拿下魏国的重要城池垣城。

秦昭王二十一年（前286年），白起攻打赵国，拿下光狼城。

秦昭王二十八年（前279年），白起攻打楚国，拿下楚国五座城池。

秦昭王二十九年（前278年），白起再次攻打楚国，占领楚国都城郢，烧毁楚国先王陵墓。楚王逃离，秦王把楚国都城郢改为秦国南郡，封白起为武安君，白起趁势进一步进攻楚地，占领巫、黔中两郡。

秦昭王三十四年（前273年），白起进攻魏国，夺取华阳，斩敌十三万人，俘虏赵国、魏国的将领。白起与领兵来援的赵国将领贾偃交战，把赵国两万士兵沉到河里。

秦昭王四十三年（前264年），白起进攻韩国，夺取五座城池，斩敌五万人。次年，白起截断韩国要道太行道。

秦昭王四十七年（前260年），应侯范雎对赵国实施反间计，诱使赵王放弃大将廉颇，起用"纸上谈兵"的赵括带兵与秦国对阵。秦国秘密派遣白起为上将军，射杀赵括，斩首四十五万……

此前白起已经挫败了比韩、赵两国强大得多的楚国，秦军乘胜追击，韩、赵危在旦夕。

韩、赵两国派苏秦的兄弟苏代带着重金去秦国游说丞相范雎。

苏秦是战国时第一"说客"，他提出"合纵六国"抗衡强秦的战略思想，最终组建合纵联盟，佩六国相印。苏秦兄弟苏代的辩才跟他不相上下。

苏代这样游说丞相范雎：

秦国即将攻打赵国，如果赵国灭亡，秦王肯定让武安君白起做地位最高的三公。武安君给秦国夺取七十多座城池，在南边平定楚国，在北边擒获赵括四十万大军，历史上赫赫有名的周公、召公、姜子牙的功勋也比不过他。如果赵国灭亡，秦王君临天下，武安君位居三公，应侯您能甘心做他的下属吗？即使您不甘心屈居下位，也由不得您了。何况，如果赵国灭亡，它北边的土地会划入燕国，东边的土地将并入齐国，南边的土地将落入韩国、魏国之手，您能得到的也就没多少了。再说，因为秦国总是攻打他国，很久以来天下老百姓都不乐意做秦民，不如趁着眼下赵国和韩国畏惧秦国，叫他们割让土地，不要让它们成为武安君的功劳吧！

范雎虽为秦国丞相，被封为应侯，却小肚鸡肠。他虽然希望秦国强大，但如果秦国强大的结果是损害他的权力和官位，他绝对不能接受！

范雎向秦王建议："秦国士兵太劳累了，请您答应韩国和赵国割让土地求和的请求，让士兵们休养。"秦王听从范雎的意见，接受了赵国、韩国割让的赵国六座城池和韩国垣雍，双方罢兵。

应侯范雎出于一己私利，毁了武安君白起一鼓作气攻打他国的大计。白起因此心怀不满。之后，秦国又起兵伐赵。白起生病，没带兵，秦兵出师不利。秦王想起用白起统率部队，已病愈的白起不肯接受王命并提醒秦王：现在赵国有充分准备且有诸侯增援，可能对秦军形成内外夹攻的不利局面，不宜出兵。范雎亲自去请，白起仍称病不起。结果秦军损失惨重，白起说："秦不听臣计，今如何矣！"秦王再次请白起领兵，白起再次拒绝。于是，秦王免去了白起武安君的爵位，降为士兵，命令他离开咸阳。范雎向秦王进谗言，说白起对大王的处理不服气，秦王遂派使者赐剑令白起自刎。

在秦灭六国的过程中，白起功不可没。白起纵横征战，为秦王斩敌近百万，拿下七十多座城池。楚国被白起率军攻破，韩、赵、魏三国因白起大伤元气。范雎为私利阻挠白起进兵，推迟秦灭六国的进程。战功赫赫的大将白起竟被范雎几句话害死。司马迁感叹：白起能预料敌情并随机应变，妙计层出不穷，名震天下，却不能解除应侯给他制造的祸患。

甘茂和吕不韦

甘罗是甘茂的孙子。司马迁在《樗里子甘茂列传》写了他们的事迹。甘茂曾在秦惠文王、秦武王、秦昭王手下任职，因为受到谗害跑到齐国，遇到将要出使秦国的辩士苏代。甘茂对苏代说："我虽然跑到齐国，家室却留在秦国，请您帮帮他们！"于是，能言善辩的苏代在秦王面前说甘茂"非常士也"，如果他让齐国、韩国、魏国联合起来对付秦国，这可不是好事，不如把他请回来，"置之鬼谷，终身勿出"。秦王遂以相印迎甘茂回秦，甘茂不接受。

苏代又到齐国对齐王说："甘茂是个贤人。秦王用相印迎接，他都不去，因为他愿意在您驾下为臣。"齐王拜甘茂为上卿，秦国赶紧免除甘茂家的赋税徭役，秦国、齐国争着收买甘茂。所以甘茂出亡后，甘家仍然有不错的待遇，这给甘罗的成长创造了良好条件。

《史记·吕不韦列传》记载，吕不韦原是商人，他看准当时虽不得势但可能做秦王的子楚，豪掷重金"培养"他，还把自己的爱妾赵姬送给他。赵姬被立为夫人，生子名"政"，即嬴政。秦昭王去世后，太子安国君即位，立子楚为太子。安国君在位三天就去世了。太子子楚即位为庄襄王，任吕不韦为丞相，封他为文信侯，以河南洛阳十万户做他的食邑①。庄襄王在位三年去世后，嬴政即位，尊吕不韦为相国，号称"仲父"。秦王年幼，吕不韦专权，权倾朝野，相府有奴仆上万人。吕不韦广招天下有识之士，有门客三千，其中包括文化史上著名的荀子。门客们著书立说，写成号称"一字千金"的《吕氏春秋》。

《史记》记载："甘罗者，甘茂孙也。茂既死后，甘罗年十二，事秦相文信侯吕不韦。"

甘茂曾是秦王的左丞相，甘罗自幼生活在祖父身边，耳濡目染的都是政坛事。甘茂死后，甘罗一鸣惊人，成了秦国政坛耀眼的明星。

---

① 食邑：古代君主赐予臣下作为世禄的封地。

甘罗劝抗命的张唐任燕国相

　　战国时，这个诸侯国的"士"到那个诸侯国做官甚至任丞相是常有的事，政客经常靠智辩取得高位。应侯范雎谗害武安君后，被范雎举荐的郑安平奉秦昭王之命率军攻打赵国，结果被赵国军队团团围住，郑安平带两万士兵向赵国投降。按照秦国法律，被举荐的官员犯了罪，举荐他的官员应按同样的罪名治罪，因此应侯范雎应当被判"逮捕父、母、妻三族"的刑罚。范雎向秦王请罪，秦王未治其罪并安慰他，这引起了朝臣非议，范雎惴惴不安。

　　燕国人蔡泽曾周游列国，向大小诸侯求取官职，没得到任用。他得知范雎虽然得到秦王的宽恕却在秦国抬不起头，就悄悄进入秦国找到范雎，向他陈说像商鞅、吴起、文种这样才大功高却下场悲惨的人的事例，然后劝说范雎："您的功绩没超过这三人，官职、爵位、财富却超过他们。秦王虽然现在宽恕您，但众口铄金，您的处境很危险。日中则移，月满则亏，物盛则衰，您应该急流勇退！"范雎于是向秦昭王推荐蔡泽，自己称病辞相印。秦昭王先拜蔡泽为客卿，后拜为相。蔡泽当了几个月丞相，灭掉了周。因为秦国许多大臣讨厌他，他心中忧惧，就辞掉相位，被封为纲成君。蔡泽在秦国待了十几年，经秦昭王、秦孝文王、秦庄襄王，到秦始皇时，被派出使燕国。三年后，燕国太子丹到秦国做人质（表示燕国臣服于秦国）。

这时掌秦国大权的文信侯吕不韦派张唐到燕国为相，想和燕国一起讨伐赵国，以此扩大河间的土地。

张唐在秦昭王时期带兵攻打赵国，斩杀了很多赵国人，赵国跟张唐结怨很深。吕不韦派张唐出使燕国为相时，张唐对吕不韦说："我曾经为秦昭王攻打赵国，赵国因此怨恨我，放话'能够逮住张唐的人，就赏给他百里土地'。现在去燕国必须经过赵国，我不能去。"

吕不韦听了这番话，很不高兴，但是张唐的顾虑又有道理，因此也不能勉强他。

吕不韦的家臣甘罗察觉了吕不韦的情绪，问："君侯为什么闷闷不乐？"

吕不韦说："我让纲成君蔡泽出使燕国三年，燕国已经派太子丹来秦国做人质了。我亲自去请张唐到燕国任相，可是，他不愿意去。"

甘罗说："请让我去说服他。"

吕不韦斥责甘罗："走开！我亲自去请他，他都不去，你一个小孩子，怎么能让他去？"

甘罗说："伟大的项橐（tuó）七岁就做了孔子的老师。我都十二岁了，您就让我去试试，为什么急于斥责？"

甘罗去拜见张唐，说："请问将军，您在秦国建立的功勋，跟武安君白起相比，谁大？"

张唐说："武安君在南边打败了强大的楚国，在北面施威震慑了燕国和赵国，战而能胜，攻而必克，夺城取邑，不计其数，我的功劳比不上他。"

甘罗又问："应侯被秦国重用，和文信侯相比，谁更专横？"

张唐说："应侯不及文信侯专横。"

甘罗追问一句："您确实知道应侯不及文信侯专横吗？"

张唐说："确实知道。"

甘罗说："应侯想要进攻赵国，武安君故意让他为难，结果武安君离开咸阳数里，就死在了杜邮。如今文信侯请您到燕国为相，而您执意不肯，我不知道您会死在什么地方。"

张唐说："那就请让我根据你这个小孩子的意见前往燕国吧！"

甘罗对症下药劝说张唐：你担心经过赵国会被赵国的人杀掉，但是如果你不执行吕不韦的命令，吕不韦会先把你杀掉！你的功绩远不及大将白起，吕不韦的权势和蛮横却远远超过害死白起的范雎！你不识时务，将死无葬身之地！

经过甘罗提醒，张唐明白鸡蛋不能碰石头，就老老实实接受了吕不韦的命令。

甘罗说服赵国献秦国五座城池

　　张唐快出发了。甘罗对文信侯说："请给我派五辆车，我要到赵国给张唐打前站。"

　　文信侯进宫报告秦始皇："原来的左丞相甘茂的孙子叫甘罗，年纪很小，但他是很有出息的名家子弟，在诸侯中有些名声。近日派张唐到燕国任相，张唐推托有病，不愿意去燕国，甘罗说服他毅然前往。现在甘罗希望先去赵国通报张唐要去燕国的事。请您允许派他去。"

　　秦始皇召见甘罗，派他出使赵国。

　　赵襄王远远地到郊外迎接甘罗。

　　甘罗游说赵王道："大王听说燕太子丹到秦国做人质的事了吗？"

　　赵王回答："听说了。"

　　甘罗接着说："燕太子丹到秦国来，说明燕国不欺骗秦国。张唐到燕国任相，表明秦国不欺骗燕国。现在燕国、秦国两国互不相欺，就是要靠共同攻打赵国来扩大在河间的领地，到时候赵国就危险啦。大王，您不如赐给我五个城邑，来扩大秦国在河间的领地，我回去请求秦王送回燕太子丹，再与强大的赵国一起攻打弱小的燕国吧。"

赵王立即亲自割让五个城邑给秦国，以扩充秦国在河间的领地。

之后，秦国送回燕太子丹，秦燕联盟自散。赵国的损失通过攻打燕国得到补偿——赵国取得燕国上谷三十个城邑，并把其中十一个分给秦国。秦国兵甲未动，地盘大增，都靠十二岁甘罗的谋划。秦始皇论功行赏，封甘罗为上卿，把甘茂原来的封地宅院都给了甘罗。

十二岁的甘罗凭着他对诸侯国间政治的了解，靠着三寸不烂之舌，运筹帷幄，决胜千里。

甘罗后来怎么样？《史记》关注的是与国家命运有关的大事，司马迁未记载甘罗此后的事迹，不过，甘罗应该不会英年早逝——如果那样，司马迁会写上一笔。

关于甘罗，有不少演义和传说。比如，有的说甘罗到了赵国，赵王蔑视地问："秦国怎么派个小孩子来？"甘罗回答：

"秦国跟大国办事，派大人物来；跟小国办事，派小孩来。"
再比如，甘茂曾受秦王刁难："找不到公鸡蛋就杀头！"甘
茂愁病了，甘罗说："爷爷安心休息，我去见秦王。"秦王
问："为什么你祖父不来，让一个小孩来？"甘罗回答："祖
父在家生孩子，来不了。"秦王大笑："男人哪能生孩子？"
甘罗反问："既然男人不能生孩子，公鸡怎么能下蛋？"秦
王只好认输……这些街谈巷议，没什么历史依据。

文史小知识

战国七雄： 指战国时期（前475年—前221年）魏、赵、韩、齐、秦、楚、燕七个强大的诸侯国。战国前期各国纷纷改革图强，出现吴起变法、商鞅变法；中期经过频繁的军事斗争，合纵连横，秦国独强；进入战国后期，秦王嬴政亲政十年，吞并六国，完成统一大业。

合纵连横： 战国时七雄之间在兼并战事中所采用的策略。"合纵"指齐、楚、燕、赵、韩、魏联合抗秦，"连横"指这些国家中的某几国跟从秦国进攻其他国家。

词句学习角

纸上谈兵： 比喻空谈理论，不能解决实际问题。《史记·廉颇蔺相如列传》记载，战国时赵国名将赵奢的儿子赵括，少时学兵法，善于谈兵，以为天下无敌。后来赵括取代廉颇为将，只会依据兵书排兵布阵，不知变通，在长平之战中被秦将白起打败。

缇萦

少女救父　皇帝变法

西汉初年，临淄有一个小姑娘。

这个小姑娘太不简单！两位赫赫有名的大历史学家非常佩服她，把她载入正史。

哪两位历史学家？《史记》作者司马迁、《汉书》作者班固。

司马迁把她的所作所为写进了《史记·扁鹊仓公列传》《史记·孝文本纪》。

《汉书》作者歌颂缇萦

班固曾在一首诗中热情歌颂缇萦：

圣汉孝文帝，恻然感至情。

百男何愦（kuì）愦，不如一缇萦。

什么意思？圣明的汉文帝被缇萦上书救父的深情感动。大大小小的官吏都没发现的朝廷法治的大问题，被一个小女孩一针见血地指了出来。这么多个身居官位的男人，都不如一个小女孩缇萦！

缇萦勇闯皇宫向皇帝上书，不仅救了自己将要遭受肉刑的父亲，还使得汉文帝下令废除肉刑，救了千千万万可能遭受肉刑者。

缇萦写了一封信，致使汉文帝对朝廷法度做出相应改变！

汉文帝是西汉第五位皇帝，公元前180年至公元前157年在位。他是开国皇帝刘邦的第四个儿子，也是个勤政爱民的好皇帝。

但是汉朝法律规定，要对一些犯罪者采用肉刑。

肉刑是非常残酷的刑罚，它包括哪些呢？比如说：

黥（qíng）刑，在犯人额或面、臂上刺字；

劓（yì）刑，割掉犯人的鼻子；

刖（yuè）刑，砍掉犯人的脚……

这些酷刑自前代延续而来。汉朝建立初期，虽然有萧何等名臣立法，这些酷刑却没被禁止，怎么会因为一个小姑娘，就把朝廷的重要法律改变了呢？

历史上参与变法的往往是一些大政治家，比如像王安石这样的人，缇萦一个小女孩推动了朝廷变法，神奇不神奇？

小女孩一定要救父亲

缇萦的父亲淳于意曾任齐太仓令，负责管理粮仓。他又是治病救人的医生，被称为神医。相传，求他治病的人很多，当他出诊不在家中时，一些远道而来的病人往往失望而归，难免心中不忿；有的病人求医太晚，等淳于意诊治时病人已经病入膏肓，无药可救，得知实情的病人家属，就对淳于意心怀怨愤。

汉文帝时期，有人告淳于意草菅人命，他被逮捕并判处肉刑中的刖刑 [1]——根据罪行判决砍去左足或右足，其中斩右足的刑罚较重。而按汉朝的律令，凡做过官的人必须押送到京城长安执行肉刑。

淳于意有五个女儿，没有儿子。他即将被押送到长安，

---

[1] 此处"判处肉刑中的刖刑"为根据史书的推测。

跟家人离别时，五个女儿围着他失声痛哭。淳于意仰天长叹："因为我没生儿子，现在有了危难，连一个能够帮我办事的人也没有。"

感叹完，淳于意又无可奈何地想到，自己将独自一人登上囚车去京城受刑，心中凄惨。

淳于意最小的女儿缇萦只有十几岁，听了父亲的哀叹，看看四个哭成泪人又一筹莫展的姐姐，心如刀绞，她想：不行，我一定要想办法，绝不能眼看着父亲惨遭酷刑。她抹干了泪水对父亲说："我要跟随父亲进京，看看到了京城有没有解决的办法。"

一个小姑娘又有什么办法救出父亲，使其免遭朝廷明文规定的肉刑呢？

淳于意对自己获救没抱什么希望，好在有女儿一路陪伴，他心里感到一丝安慰。

缇萦一路上悉心照顾父亲的生活起居，押送者同情这对父女，也没为难他们。

从临淄到当时的京城长安路途遥远，一路上父女俩和押送者风餐露宿，尝尽辛酸。好不容易到了长安，淳于意立刻被投入大牢，为他遭受刖刑，也就是被砍去一只脚做准备。

缇萦写了一封信，跑到皇宫门口，递给守门的人，再三央求他把这封信交给皇上。

守门者被小姑娘救父之情感动，当真把缇萦的信送到皇帝的书案上。

皇帝受小女孩启发

汉文帝接到信后，发现写信的竟然是个小姑娘，特别惊奇，一读这封信的内容，更是震惊不已！

缇萦在信中写道："我父亲过去当太仓令时，人们都称赞他为人廉洁正直。现在他获罪，按律当处以肉刑。我不但为父亲难过，也为所有受肉刑的人伤心。试想一个人被砍去一只脚就成了残疾人，以后就是想改过自新，也没有办法了。我情愿没（mò）入官府为奴，替父亲赎罪，让他有个改过自新的机会。"

情愿自己当奴婢，也要保住父亲一只脚！这是多么感人的孝心！

砍了脚就成了废人，如何改过自新？说得多有道理！

小小年纪，不仅替父亲伤心，还替所有受刑的人着想！

汉文帝看着这封信，沉思良久。他想到：在有虞氏的时代并没有残酷的肉刑，但是老百姓仍能奉公守法。现在虽然有残酷的肉刑，却还是不断有人犯罪，这是君主教化不明之过。而且，采用肉刑有违君主为民父母的初衷！

汉文帝召集大臣们说："犯了罪该受罚，这没什么可说的。可是犯人受了罚，也该让他重新做人才是。现在惩罚犯人，是在他脸上刺字或者毁坏他的肢体，这样的刑罚怎么能劝人向善？"

缇萦救父的"风波"影响力越来越大，直接使皇帝要更改原有律法！

汉文帝先直接下令：缇萦的父亲免受肉刑。然后，召集丞相张苍和御史大夫冯敬，商议如何废除肉刑、减轻刑罚。

汉文帝和丞相、御史大夫商议的结果是：黥刑、劓刑、刖刑都不用了，比如，原来判处斩左脚的改为笞五百，以便让受笞者既受到刑罚又能保全性命。

汉文帝废除肉刑，不仅使缇萦父亲一个人受益，而且改变了一种涉及千万人的重要法令！

缇萦上书这件事影响极为深远，她不仅拯救了父亲，也为许许多多将要遭受肉刑的人免去了巨大的痛苦。她的上书为平民百姓参与修改刑律做出了表率，为我国古代法制史增添了闪亮的一页。

司马迁如何写缇萦

《扁鹊仓公列传》是《史记》列传的第四十五篇，它包含战国时期的扁鹊和西汉初年的淳于意这两位名医的事迹。司马迁的本意是记述享有盛誉的名医业绩，而关于缇萦救父，司马迁是这样记载的：

> 文帝四年中，人上书言意，以刑罪当传西之长安。意有五女，随而泣。意怒，骂曰："生子不生男，缓急无可使者！"于是少女缇萦伤父之言，乃随父西。上书曰："妾父为吏，齐中称其廉平，今坐法当刑。妾切痛死者不可复生，而刑者不可复续，虽欲改过自新，其道莫由，终不可得。妾愿入身为官婢，以赎父刑罪，使得改行自新也。"书闻，上悲其意，此岁中亦除肉刑法。

司马迁赞赏："缇萦通尺牍，父得以后宁。"

《史记·扁鹊仓公列传》用主要篇幅写扁鹊和仓公淳于意治病救人的故事。缇萦的父亲淳于意能够跟战国名医扁鹊并列进入司马迁的人物列传，说明他的名声很响。司马迁详细描写了淳于意如何向名医学习、如何治疗病人。淳于意像个全科医生——既能治疗成人，也能治疗儿童；既能治疗男子，也能治疗妇女。他诊疗的病人，有达官，更有平民。他还把自己治病的过程写进了医案……司马迁描写淳于意治病的文字远远多于写"缇萦救父"的。

然而，短短不到二百字的"缇萦救父"的故事，给中国历史留下了一个大智大勇的少女形象，产生了远比《扁鹊仓公列传》中两位名医的事迹大得多的影响。大历史学家司马迁大概想不到，他也会"无心插柳柳成荫"吧。

缇萦这个十几岁小姑娘敢作敢当，为世世代代所传颂，近年北京邮电大学赵玉平教授还在中央电视台的《百家说故事》中讲过她的事迹。

文史小知识

文景之治：指汉文帝刘恒及汉景帝刘启统治期间政治安定、经济发展较快的社会局面。汉朝建立初期，经济凋敝，汉高祖曾实行减轻田租、鼓励生产等措施。汉文帝继位后，颁布政令减轻农民负担，减省刑法，废除肉刑，百姓安居乐业。汉景帝继位后，延续文帝政策。经过几十年休养生息，到汉景帝末年、汉武帝初年，社会经济得到恢复，国家粮仓皆满，百姓家给人足，为"千古一帝"汉武帝的文治武功打下了基础。这段历史时期被誉为"文景之治"。缇萦救父促使汉文帝废除肉刑，是"文景之治"的表现之一。

《汉书》：东汉时期史学家班固所著的史学著作，是中国第一部纪传体断代史，"二十四史"之一。《汉书》由纪、表、志、传四部分组成，共一百篇，记载了汉高祖元年（前206年）至王莽地皇四年（23年）的历史。

词句学习角

风餐露宿：在风中吃饭，露天睡觉。形容旅途或野外生活的艰苦。苏轼《将至筠先寄迟适远三犹子》："露宿风餐六百里，明朝饮马南江水。"

叁

孔融

让梨孩童的疏狂人生

孔融（153年—208年），字文举，鲁国鲁县人，"建安七子"之一。孔融既有家学又少有异才，是东汉末年的风云人物。孔融曾做过北海相，人称"孔北海"。孔融为官期间，修复城邑，兴立学校，举贤才，提倡儒术，但他不善领兵，曾败给黄巾军。汉献帝迁都许县，孔融被委任少府、太中大夫等职。孔融看不惯曹操专权，喜欢评议时政而且言辞激烈，与曹操发生矛盾。建安十三年（208年），他因触怒曹操而被杀。

孔融的作品流传下来的不多。他的故事主要被收集在《后汉书》《续汉书》和《世说新语》里。

四岁让梨

年幼的孔融上有哥哥、下有弟弟。

相传祖父六十华诞那天，有客人送了一筐非常好吃的梨。

父亲叫孩子们自己拿梨吃。

孔融从所有的梨中挑了个最小的梨。

父亲问："那么多梨，你为什么专挑最小的吃？"

孔融说："树有高低，人有长幼，尊老敬长，人之常情。我小，食量小，应该把大梨让给哥哥吃。"

父亲高兴地说："好孩子！"

《三字经》中有"融四岁，能让梨"的句子，说的是四岁的孔融就知道把大个的梨让给哥哥吃。这件事被收在《后汉书》等古代典籍里，后来又被演义成不同的版本。

当我和孩子们讨论"孔融让梨"有什么教育意义时，我听到的普遍的说法是：这么小的孩子就知道谦让，能先人后己，具有中华民族的美德。我们应该向他学习。

也有个调皮男孩说："孔融如果抢了最大的梨吃，他的哥哥就会揍他。他挑小梨吃，是聪明地保护自己。"

这个调皮男孩说得对吗？

小时了了,大未必佳

孔融十岁的时候,跟随父亲孔宙来到洛阳。

当时有一位李元礼极负盛名。他名叫李膺(yīng),字元礼,河南襄城人,为人有节操,时人称他"天下模楷李元礼"。当时朝廷纲纪废弛,李元礼以儒家礼教为准绳,以辨明天下是非为己任,独持法度,声名很高。李元礼风度出众、品格端庄,士人以与他结交为荣。

拜访李元礼的人不是当世才俊,就是跟李元礼有亲戚关系的人。如果普通人去拜访,守门的人通常是不给通报的。

年仅十岁的孔融,很想去拜访这位德高望重的前辈。

孔融独自一人来到李府门前,大大方方地对守门人说:"我是李府君的亲戚。"

守门人当然不认识孔融,但听他自称是大人的亲戚,生怕怠慢了,就赶紧去通报。

虽然当李元礼看到这个陌生的孩子时不知是怎么回事，但他依然礼貌周全地请孔融入座。

然后，李元礼客气地问："在下有一事不明，请问您跟在下是什么亲戚呀？"

孔融从容地回答："从前我的祖先仲尼先生曾因请教礼制之事拜访您的祖先伯阳先生①。这么看来，我和您算是世交！"

孔融在这里是偷换概念。李元礼问的是"咱们是什么亲戚"，孔融回答的却是"我的先辈孔子曾拜您的先辈老子为师，我们是世交"。亲戚和世交完全是两个概念。

不过，李元礼和在座的宾客听了这话都感到很惊奇，暗暗称赞少年孔融的聪慧和巧妙。

后来，朝廷的太中大夫陈韪（wěi）来了。

有人把孔融刚才对李元礼说的话告诉了陈韪。

陈韪一看，原来是个十岁左右的孩子，他就没当回事，随口说："小时了了，大未必佳。"

陈韪的意思是：小的时候明白通晓，长大了未必依然如此。

---

① 仲尼、伯阳：孔子名丘，字仲尼；老子姓李名耳，字伯阳。

见这位陈大人对自己不太客气，孔融应声说："想君小时，必当了了。"

孔融的意思是：我想陈大人您小的时候一定很聪明吧？

他言外之意是：老先生您现在可真够笨啊！

陈韪听后，脸涨得通红，局促不安。

这个故事在《世说新语》里出现过。"小时了了，大未必佳"这个成语也流传开来。这个成语告诉我们不能因为一个人小时候聪明而断定他日后定有作为。

孔融这样回答陈韪，虽然能显示出他聪慧、机智，却十分失礼。陈韪的确有点儿轻视小孩，可是他毕竟是长辈。孔融却逞一时口舌之快，针锋相对地让对方陷入窘境。这件事虽然被收入《世说新语·言语第二》成为美谈，但也显示出孔融从小就有锋芒毕露、不懂藏掖的特点。

覆巢之下，焉有完卵

　　孔融少年时既有"能让梨"的美名，又有"小时了了，大未必佳"的趣事传世。

　　长大后的孔融虽然有政绩、有文名，却恃才傲物，屡次挑战曹操的底线。我们来看一下他做的几件挑战曹操底线的事。

　　第一件事：建安二年（197年），当得知曹操欲杀东汉大臣杨彪时，孔融前往拜见曹操，加以阻拦。

　　第二件事：曹操率军攻克邺城后，曹操之子曹丕将袁绍之子袁熙的妻子甄氏掠做妻子。孔融讥讽曹操："武王伐纣，以妲己赐周公。"曹操一时没反应过来，以为孔融说的是他不知道的典故，便询问孔融。孔融回答："以今度之，想当然耳！"曹操感到自己受到戏弄，于是怀恨在心。

　　第三件事：曹操下令禁酒，孔融写信讽刺曹操："桀、纣以色亡国，今令不禁婚姻。"意思是：夏桀和商纣都是因为宠爱美人而亡国，您怎么不下令禁止婚姻啊？这让曹操内心十分痛恨孔融。

第四件事：曹操实行的"奉天子以从诸侯"，其实是"挟天子以令诸侯"的策略。孔融上奏主张"尊崇天子，扩大君权，削弱诸侯权势"，实际是要曹操还政于汉献帝。他还建议"宜准古王畿（jī）之制，千里寰（huán）内不以封建诸侯"。这直接触犯曹操的利益。

孔融还把更桀骜不驯的祢（mí）衡推荐给曹操，说"鸷鸟累百，不如一鹗。使衡立朝，必有可观"。结果祢衡对曹操连讽带刺，曹操气愤不已……

俗话说：伴君如伴虎。当时曹操手握大权，哪儿容得下孔融这样的"另类"？终于在建安十三年（208年），曹操以"莫须有"的罪名，逮捕并处死了孔融。曹操又表示：孔融以为父母对儿女无恩，父母如器皿，儿女如同寄存在里边的物品。如父不肖，遇灾荒时，儿女宁可拿粮食给陌生人。孔融有这种"违天反道、败伦乱理"的言论，早就该杀。

曹操杀孔融的真实目的是打击东汉的残余势力，为曹氏代汉称帝铺平道路。孔融是个比较单纯的文人，他以为自己是被嫉贤妒能者所害，于是在监狱写下《临终诗》：

言多令事败，器漏苦不密。

河溃蚁孔端，山坏由猿穴。

涓涓江汉流，天窗通冥室。

谗邪害公正，浮云翳（yì）白日。

靡辞无忠诚，华繁竟不实。

人有两三心，安能合为一。

三人成市虎，浸渍解胶漆。

生存多所虑，长寝万事毕。

大意是：说话多会使事情失败，就像容器不严密会渗漏。河堤溃决从蚂蚁筑巢开始，山体崩坏由猿猴挖造洞穴开始。涓涓细流可汇成长江、汉水，明亮的天窗可把幽深的暗室照亮。谗邪小人害正直的人，浮云会遮住明亮的太阳。言辞华丽却没有丝毫的诚意，就像花开繁茂最终却不结果实。人心各不同，怎能团结如一？三个人传市上有老虎，听者就信以为真；胶漆长期浸泡在水中也会分离。人活在世上忧虑的事情太多，长眠不醒就对什么事都毫无知觉了。

从孔融的《临终诗》可以看到，他并未有所悔悟，只是对自己将要被杀做出辩解。中心意思是：他固然曾对曹操出言不逊，但他并没做什么坏事，是有人找碴儿陷害他……

曹操下令逮捕孔融，朝廷内外，人人自危，惶惧不安。

曹操还下令：不仅逮捕孔融，还要斩草除根，杀他全家。

奉命逮捕孔融的使者到了孔家，孔融的大儿子和小儿子正在做游戏。

看到气势汹汹的使者冲进门来抓人，两个小男孩毫无惧色，继续玩他们的游戏。

孔融想到两个年幼的爱子也将丧失生命，他的心快要碎了。

孔融对来抓人的使者说："希望我的罪过只惩罚到我本人。请保全两个无辜的男孩好吗？"

使者还没回答，孔融的儿子便从从容容地走到父亲跟前说："大人，岂见覆巢之下，复有完卵乎？"

"大人"是儿子对父亲的尊称。这句话的意思是：爹爹呀，您难道见过倾覆的鸟巢里还会有完好的鸟蛋吗？

孔融虽自己视死如归，但一个父亲怎能看着年幼的孩子遭殃。孔融向使者求情，希望能保全两个儿子。孔融此时是急切之中有些乱智，因为杀不杀全家，不是使者这类小人物能决定的。

孔融的儿子也被杀害了。他们小小年纪，在大难临头的情况下，不仅不怕，还说出安慰父亲的话，显示出不凡的教养和胆识。

孔融这两个可怜可爱的男孩为中华文化留下成语"覆巢之下，焉有完卵"。人们用它来比喻当整体倾覆时，个体也不能幸免。

《后汉书》：是一部记载东汉历史的纪传体史书，共一百二十卷，包括纪十卷、传八十卷、志三十卷。其中，纪、传为南朝宋范晔综合各家之长撰写。本书汇集一代史事，是研究东汉历史的重要资料。

汉献帝禅让：建安二十五年（220年），曹操病卒，曹丕继位为丞相、魏王。曹魏已经巩固了在北方的统治，军政大权均为曹氏掌握。同年十月，曹丕迫使汉献帝禅让。汉献帝册诏魏王曹丕禅代天下。曹丕定国号为魏，改年号为黄初，追尊曹操为武皇帝，封汉献帝为山阳公。

三人成虎：也作"三人成市虎"。三个人都说街市上有老虎，别人便以为真有老虎。比喻谣言或讹传一再反复，就会使人信以为真。孔融《临终诗》："三人成市虎，浸渍解胶漆。"

曹冲

聪慧仁爱的称象少年

　　曹操被罗贯中的《三国演义》塑造成"宁教我负天下人，休教天下人负我"的奸雄形象。其实，他是个了不起的人。他是大诗人，是建安文学的代表人物，他的《蒿里行》《龟虽寿》等诗载入中国文学史。他还是大政治家、军事家。他的几个儿子也非常出色。曹丕是建安文学的代表作家，他不仅诗歌写得好，而且他的《典论·论文》在文学批评史上也有重要地位；他还是魏国的建立者。曹植更是才高八斗。不过，在曹操眼里，这两个杰出的儿子都不如他们的弟弟曹冲。

　　曹冲（196 年—208 年），字仓舒，他不仅从小聪明，还特别仁爱。曹操特别喜欢曹冲，私下有把他培养成接班人的想法。

曹冲称象

汉代末年，曹操掌握着汉朝的政治大权，威震四方，令八方来朝。

有一次，东吴的孙权给曹操送来一头大象。

大象是陆生哺乳动物，体形庞大。在亚洲，大象主要活动在印度、泰国等地；中国云南的西双版纳也有野生象群。东汉时中原地区很难见到大象。

曹操收到这么贵重的礼物很高兴。他问送象的使者："这大象有多重？"

"没人知道！"使者回答。这么大的象，怎么可能用秤称出它的重量呢？曹操难道连这点儿常识都不知道吗？

曹操问周围的人："你们哪个能称出大象的重量？"

众人面面相觑，谁也想不出办法。

曹操的儿子曹冲在看热闹。看到父亲的手下都想不出办法，这个孩童开口说："我能称出大象的重量！"

人们好奇地看着：一个娃娃怎么能解决成人都解决不了的难题？

曹冲说："准备一筐一筐的石头，抬到河边，再把象牵到船上！"众人更加摸不着头脑：石头和大象有什么关系？

大家兴致盎然地围观大象被牵到船上。

曹冲让曹操手下的人在船帮外水痕到达的地方刻上线，说："把象牵下船！把装石头的筐抬到船上！"

曹冲叮嘱在船上刻线的人仔细观察，等装载石头的船下沉到刚才刻线的地方，就把船上的石头搬回岸上过秤，最后把这些过秤的石头重量加起来就得到了大象的重量！

七岁的男孩就懂得运用"等效替代"的方法，把一个看似不可能完成的任务用更易操作的方法完成。

曹冲堪称神童。这个故事在中国家喻户晓。

化解库吏灭顶之灾

曹冲不仅早慧，还特别仁义。他同情弱小，与人为善。

经常南征北战的曹操有副既漂亮又好用的马鞍，他把它放在府库里，命库吏看管。

有一次，曹操要出征，库吏赶紧去检查那副马鞍。

结果库吏发现马鞍被老鼠咬坏了好几个地方！

库吏的魂都吓掉了——这还了得！这下子，我可能连命都送上了。

那时的人迷信——如果出征前马鞍被咬了，就意味着出征的人可能不会成功。

曹操赏罚分明却喜怒无常，他的属下小有过错就可能被处死。

库吏害怕曹操因他保管不当而降罪给他，想来想去，他打算把自己捆起来去请罪，或许能保住性命。

这时恰好曹冲来库房里玩，看见库吏伤心又害怕的样子，就问："你怎么啦？"

库吏把被老鼠咬坏的马鞍指给曹冲看，说起自己的担忧。

曹冲虽小，却深知父亲的脾气。这件事可能使库吏被治罪。

曹冲眼珠一转，计上心来。

他告诉库吏：先不要到父亲那里去请罪，也不要声张。

曹冲说："别害怕，你等三天再去认罪，应该就没事了。"

库吏听了，将信将疑。

曹冲回家用刀把自己的一件漂亮衣服扎了几个洞，把衣服弄成像被老鼠咬过的样子。

曹冲一脸愁容去见父亲。曹操看到儿子愁眉不展，就问："孩子，你为什么不高兴？"

曹冲带着哭腔说："我听人说，谁的衣服被老鼠咬了，谁就会倒霉。我的衣服被老鼠咬了，我要倒霉了！"

曹操一听，哭笑不得。他劝慰曹冲："这是些不可靠的传言。你不要在意，放心玩去吧！"

过了一会儿，按照曹冲的嘱咐，库吏前来叩见曹操。

库吏战战兢兢地向曹操报告了自己的失误。

曹操笑着说："儿衣在侧，尚啮，况鞍悬柱乎？"

意思是：我儿子曹冲的衣服就放在身边，都被老鼠咬了，更何况你那挂在柱子上的马鞍？

曹操没有追究库吏任何责任。

曹冲就这样帮助库吏化解了灭顶之灾。这件事是由正史记载的。我们看看这段原文：

> 时军国多事，用刑严重。太祖①马鞍在库，而为鼠所啮，库吏惧必死，议欲面缚首罪，忧惧不免。冲谓曰："待三日中，然后自归。"冲于是以刀穿单衣，如鼠啮者，谬为失意，貌有愁色。太祖问之，冲对曰："世俗以为鼠啮衣者，其主者不吉。今单衣见啮，是以忧戚。"太祖曰："此妄言耳，无所苦也。"俄而库吏以啮鞍闻，太祖笑曰："儿衣在侧，尚啮，况鞍悬柱乎？"一无所问。
>
> ——《三国志·魏书·武文世王公传·邓哀王冲》

这件事只不过是曹冲做的若干善事之一。在曹操手下，

① 太祖：即曹操。魏（220年—265年）是历史上的三国政权之一，建国者曹丕是魏文帝，他追尊东汉时被封魏王的父亲曹操为太祖，谥号武皇帝。

多人曾因犯错而面临严罚，结果都因曹冲的帮助而获救。曹冲充满爱心和智慧，常常以易于接受的方式说服父亲赦免下属的罪过，或者减轻对他们的惩罚。

曹操的"育儿经"

在鼠啮马鞍事件中，曹操真被小小曹冲蒙蔽了吗？

我看没有。历史上的曹操智谋过人。曹冲刚刚煞有介事地向父亲泣诉衣服被老鼠咬了，库吏就接着来为马鞍被老鼠咬了请罪，这种"猫盖屎"似的"伎俩"，有着丰富社会经验的曹操怎么会看不出？他肯定对这两件事的内在联系洞若观火。

那么，曹操为什么不戳穿曹冲，反而放过了库吏呢？

估计是曹操看到了曹冲智慧背后的美德。他深知美德对人生的影响。

救人于危难是极大的美德。

如果说称象显示了曹冲的聪明，那么用智慧为库吏开脱罪名，则显示出他的善良和仁厚。聪明机智让人喜爱，善良仁厚则让人感佩。

曹操不仅是政治家，而且在教育儿子上颇有章法。他的几个儿子之所以能成材，是因为他们从小就受到父亲的严格要求。曹家子弟很早就读书习字，还"游艺式"地学习骑马、射箭、击剑。学习这些本领为曹家子弟日后成材打下基础，更重要的是，这些本领能让他们在危难时自保。

曹丕在《典论·自叙》中记述了他童年的学习经历：

曹丕五岁时，曹操因为世道多艰，要求他学习射箭。曹丕六岁时已能熟练地射箭。父亲又教他骑马，曹丕八岁时能骑马射箭。曹操出征时，常带着年幼的曹丕。建安初，曹操南征荆州，到了宛城，张绣投降。不到半个月，他重新起兵追杀曹操。曹操的长子曹昂因在危难中把马让给父亲骑而殉难。曹操的另一个侄儿也被杀。当时曹丕只有十岁，因为能够熟练地骑马而得以脱逃。

曹丕在这里说的，都是虚岁年龄，按照周岁应是：曹丕四岁开始学习射箭，五岁能熟练地射箭，七岁能骑马射箭，九岁时因为能熟练地骑马，在曹操宛城战败时顺利脱逃。

曹操还要求儿子们学习击剑、写作诗文。曹丕"年八岁，能属文，有逸才，遂博贯古今经传诸子百家之书，善骑射，好击剑"（《三国志·魏书·文帝纪》）。

曹操儿子的智力和生活能力都在他们很小的时候得到了

开发和提升。

曹操、曹丕、曹植父子三人是建安文学的代表作家，在文学史上的地位很高。可惜，聪慧的曹冲没有诗文传世。

更可惜的是，建安十三年（208年），曹冲病重不治去世，年仅十三岁。

曹操痛失爱子，悲痛万分，他对曹丕说："冲儿去世，是我的大不幸，却是你们的大幸。"

言外之意是，在你们兄弟之间的"世子"（王位继承人）争夺战中，你们少了最有力的竞争对手。

黄初二年（221年），魏文帝曹丕追赠曹冲为"邓哀侯"。后来曹冲又被追赠为"王"，所以《三国志》称曹冲为"邓哀王冲"。

《三国志》："二十四史"之一，是记述魏蜀吴三国历史的纪传体史书，与《史记》《汉书》和《后汉书》并称"前四史"。作者是西晋时期的陈寿。陈寿取材审慎，文字简洁；南朝宋的史家裴松之为《三国志》作注，搜罗广博，引征完整，开创了注史的新例。

《三国演义》：中国古代长篇小说历史演义的开山之作，由罗贯中写于元末明初。罗贯中以正史为主要依据，选取后世有关三国的传说和文学作品，经过综合熔裁和一定程度的虚构，创造性地采用了"章回"体式进行创作。全书结构宏伟，情节曲折，行文用半文半白的语言，写得既波澜壮阔又有条不紊。

老骥伏枥：骥，良马；枥，马槽。老了的良马虽伏处于马房中，但仍有奔驰千里的志向。比喻人虽老但仍怀雄心壮志。出自曹操的诗《步出夏门行·龟虽寿》："老骥伏枥，志在千里；烈士暮年，壮心不已。"

王献之

与父齐名的书圣之子

中国历史上有句名言：唐诗，晋字，汉文章。

当提到"晋字"时，人们往往会想到王羲之与王献之的书法作品。可见"二王"在中国书法界的地位之高。

王羲之是什么人？中国历史上伟大的书法家。

王献之是什么人？王羲之的儿子，他继承了王羲之的书法并将其发扬光大。

王羲之靠刻苦学习，博采众长，成为中国历史上伟大的书法家。

王献之在王羲之的精心教导下，埋头钻研，致力创新，成为书法界翘楚。

王羲之教子习字

王献之是怎么努力学习书法的？

这得从他们家的几口大缸说起。

王献之幼年时，父亲王羲之已经是赫赫有名的书法家了。

民间流传着这么一个故事：

八岁的王献之向父亲求教写字的"秘诀"。

王羲之指着院子里的几口大水缸说："你要是能把这水缸里的水用完，就找到秘诀了。"

王献之不解其意，觉得父亲在敷衍他，便开始赌气自学。

有一天，王献之正在写字，父亲走到他身后冷不防抽走他的笔，斥责他说："你握笔不合规矩，怎么能写出好字？"

王献之挨了骂，哭着向母亲倾诉，希望得到安慰。

母亲耐心地开导他，跟他讲了父亲王羲之钦佩的东汉书法家张芝"临池学书，池水尽黑"的故事，以及王羲之年轻时勤奋练字的经历。

王献之终于懂得父亲为什么要让他把水缸里的水用完了，原来父亲是让他刻苦练字啊。

从那以后，王献之每天倚靠在水缸边认真练字。

王羲之也把自己练字的心得传授给儿子，教导他：写一点，要如"高峰坠石"，让人感到沉重有力；写一横，要如"长舟之截江渚"，让人看去觉得难以摇撼……

王献之用完了三缸水，自觉练字颇有成效，于是写了一篇字，请父亲评点。

王羲之看了他的字，感觉笔画无力，结构松散。王羲之在一个"大"字下面点了一"点"，这个"大"就成了"太"字。他叫王献之拿给母亲看。

母亲看了一眼，对儿子说："吾儿磨尽三缸水，唯有一点似羲之。"

王献之听后，大为吃惊——"太"字的一点，正是父亲加的，可见自己与父亲的功底相差甚远，王献之心中十分惭愧。

从此他更加认真钻研，勤学苦练，终于成了与父亲齐名的大书法家。

海南师范大学的隋丽娟教授在中央电视台《百家说故事》

里总结：王羲之以身作则，教育儿子练字要勤奋刻苦，用实例印证了那句名言"书山有路勤为径，学海无涯苦作舟"。这句话也提示我们每个人，无论做什么事情，只有内心笃定，并且持之以恒，才能不断地攻克难关，不断地取得成绩。

学父不拘于父

王羲之的书法走向巅峰时，王献之横空出世，成为书法界耀眼的新星。

《晋书》曾引用王羲之的话："此儿后当复有大名。"

王献之能够跟父亲王羲之并称"二王"，就是因为他学父却不拘于父。

王献之幼年随其父王羲之学习书法，用尽几缸水，学得王羲之的笔法。他不满足于仅仅向名满天下的父亲学习，还积极向其他古代书法家学习。

"书圣"王羲之十分推崇东汉书法家张芝。张芝擅长草书中的章草，他将当时"字字区别、笔画分离"的写法改为"上下牵连、富于变化"的写法，富有独创性，在当时影响很大。有人认为张芝的书法精熟神妙，是草书问世以来的第一座高峰。

王献之向张芝学习，可以说是向"师爷"学习，因为张芝算王羲之没见过面的老师。

唐代张怀瓘的《书议》记载了王献之十五六岁时对父亲王羲之说过的一番话：

古之章草，未能宏逸。今穷伪略之理，极草纵之致，不若藁（gǎo）行之间，于往法固殊，大人宜改体。且法既不定，事贵变通，然古法亦局而执。

这段话的意思是：古代延续下来的名家章草不够潇洒流畅，如今书法多有放纵之笔。书法不是固定不变的艺术，父亲（王羲之）需要变通。古时的大家巨匠也有他们片面和不足的地方。

这段石破天惊的话竟然出自一个十五六岁的男孩之口，真是初生牛犊不怕虎，这也说明王献之天才的光芒和领袖群伦的气度在少年时已经显现。

王羲之继承并发扬了蔡邕、张芝、钟繇等前辈的书法传统，创造了新的书法字体，而王献之字体改革的步子迈得更大，甚至获得了"父子之间又为今古"的评价。王献之主要效法张芝字字贯通的气势，他变革、发展了张芝的草书，务求简易和便于书写。同时他又变革了父亲王羲之的草书，极力发挥"一笔书"的笔势。王献之笔下的草书既有别于张芝，又有别于王羲之，能够自成一家。俞焯曾说："草书自汉张芝而下，妙入神品者，官奴一人耳。"这里的"官奴"是王献之的小名。

东晋时王献之的名气已经直追王羲之了。东晋权臣桓玄很喜爱王羲之、王献之父子的书法，他做了两个书袋，分别装着他们父子二人的作品，经常拿出来对比欣赏。

当时已经有人把父子二人的成就做一番对比了。

相传东晋名臣谢安曾问王献之："你的书法与令尊大人相比怎样？"

王献之说："我们各有所长。"

谢安说："旁人的评价不是这样的。"

王献之说："旁人哪里知道？"

王献之太有个性了。面对这样的问题，一般情况下，儿子会对外人说："我如何能与我名满天下的父亲相比？"可王献之公然说他和父亲"各有所长"。当谢安暗示：在旁人眼里，你父亲的书法水平可比你高多啦。王献之干脆说：旁人哪里知道？意思是那些芸芸众生懂得什么书法艺术？

　　自晋末至南朝梁代，王献之的影响甚至超过了王羲之。梁代书法理论家袁昂在《古今书评》中说："张芝惊奇，钟繇特绝，逸少鼎能，献之冠世。"他将四贤并称。陶弘景在《与梁武帝论书启》中说："比世皆尚子敬（王献之）书"，"海内非惟不复知有元常（钟繇），于逸少（王羲之）亦然"。到了唐代，因唐太宗竭力褒扬王羲之，贬抑王献之，一些书法评论家才开始认为王献之的书法比不上他的父亲王羲之。

　　王献之的遗墨现存很少，他的《洛神赋十三行》为小楷书法作品；传世草书墨宝有《鸭头丸帖》《中秋帖》等，皆为珍品；《中秋帖》存世共二十二字，清朝乾隆帝将它收入《三希堂法帖》，视之为"国宝"。

王献之的"雅量"

　　"雅量"是王献之所在的东晋时代对士子风度的重要评价标准。"雅量"一般指的是潇洒，宽容，平和，临危不惧，见喜不喜，见忧不忧的处世态度。王献之的趣事主要有如下几则。

　　第一则：偷儿恕毡。

　　有一夜，王献之睡在书房里，一群盗贼潜入房中，将室内东西偷得精光。王献之一直冷静地看着盗贼搬运物品，最后慢慢地说："偷儿，青毡是我家祖辈的遗物，别的东西只管随便拿，请你们留下这毡子。"盗贼惊慌而逃。

　　第二则：失火不逃。

　　王献之和哥哥王徽之一起坐在竹榻上喝茶，当时在榻上喝茶得脱掉鞋子。兄弟俩喝得正高兴，突然间，王徽之发现房顶着火，进而大惊失色，急忙往外逃。他跑得太急了，连鞋子都忘记穿，光着脚跑出去了，好一副不雅之相。王献之却神色恬然，不慌不忙地喊来仆人，淡定地指挥救火。然后他穿好鞋子，整好衣冠，扶着栏杆慢慢走出去。他那神情好像什么事也没发生过。王徽之字子猷，也是一位名士，他生性爱竹，曾说："何可一日无此君！"他居会稽山时，雪夜泛舟剡（shàn）溪，拜访戴逵（字安道），至其门不入而返。人问其故，则曰："本乘兴而行，兴尽而返，何必见安道邪！"看到兄弟俩对待失火的不同态度，众人说：王献之的雅量超过王徽之。

第三则：墨迹变牛。

有一次，桓温让王献之在扇子上写字。王献之挥笔便写，突然笔落扇上，将扇面污染了，王献之顺笔就将墨迹改画成黑马和母牛，画得十分精妙。桓温就这样得到了一把书画俱佳的扇子。

第四则：嫂助小郎。

王献之年纪很轻时就喜欢谈玄①。到王家来的宾客常常是当时著名的读书人。有一次，王献之辩论不过他们，这时，

---

① 谈玄：魏晋南北朝时期流行于文人士大夫之间的一种活动，主要谈论深奥的哲学问题。

他的嫂子派丫鬟来说："欲为小郎解围。"那时女子不能参加男人的辩论，嫂子来了就用青绫屏障把自己挡起来，接着王献之跟宾客辩论的话题往下说，滔滔不绝，把宾客说得哑口无言。

这段趣事见于《晋书·列女传·王凝之妻谢氏》。谢氏即东晋女诗人谢道韫。

文史小知识

书同文： 秦始皇统一六国后采取的重大措施之一。为了使文字适应统一政治的需要，秦始皇命李斯作《仓颉篇》，赵高作《爰（yuán）历篇》，胡毋敬作《博学篇》，形成统一的小篆书体颁行天下，为文字之范本，废除各国文字不与秦篆合者。"书同文"对促进学术文化发展和巩固国家统一有重大意义。

词句学习角

管中窥豹： 从管子中看豹，只看到豹身上的一块斑纹，比喻只见到事物的一小部分，也比喻从观察到的部分推测全貌。出自刘义庆《世说新语·方正》有关王献之的一则故事："此郎亦管中窥豹，时见一斑。"

书山有路勤为径，学海无涯苦作舟： 出自唐代韩愈的《古今贤文·劝学篇》。意思是：如果你想要成功到达高耸入云的知识山峰，那么勤奋就是登顶的唯一路径；如果你想在无边无际的知识海洋里畅游，那么刻苦的学习态度将是一艘前行的船，能够载你驶向成功的彼岸。

李 寄

神勇少女斩蛇记

◇◇◇◇◇◇◇◇◇◇◇◇◇◇◇◇◇◇◇◇◇◇◇◇◇◇◇◇◇◇◇◇◇◇◇

东晋著名历史学家干宝的志怪小说集《搜神记》对后世产生了广泛而深远的影响，有着"世界短篇小说之王"美誉的蒲松龄就是干宝的忠诚粉丝。蒲松龄在《聊斋自志》里说："才非干宝，雅爱搜神。"

《搜神记》里"李寄斩蛇"的故事尤为精彩。它讲述了十二三岁、智勇双全的女孩李寄，只身深入蛇穴杀死吃人无数的大蛇，为一方黎民造福的故事。

一个弱小的女孩是怎样战胜身形巨大的蛇的呢？

我们一起来看看李寄斩蛇的故事吧。

李寄要牺牲自己报父母恩

传说福建有座非常高的山叫庸岭，这座高山的西北部藏着一条大蛇。它体形巨大，有十几米长，有巨大的水桶那么粗。大蛇经常出来吞食黎民，连地方官员都有被它吞食的。当地老百姓非常怕它，地方官员不得不恭恭敬敬地用牛羊给大蛇做祭品，希望它不要再祸害老百姓。这条蛇并不满足，用给人托梦或给巫师下达命令的方式告知这个地方的人：你们必须每年送一个十二三岁的女孩给我吃，否则我不仅出来吃人，而且让这个地方妖氛戾气不断！

地方官员都愁坏了，他们不得不征求地方上奴婢生的女孩，或者把有罪者的女孩养大，每到八月大蛇规定的日子，官员们把选中的可怜女孩送到蛇洞前献给大蛇，为地方换来一年"安宁"日子。年年如此，已经有九个女孩葬身蛇口。

到了第十个年头，地方官员预先向民间征募，看哪家愿意把自家的女孩卖给官府做祭品。然而，他们一直找不到。估计不少人为了躲避蛇灾已经搬离了这个地方。地方官员一筹莫展。

将乐县有个叫李诞的人，他家有六个女孩，没有男孩，最小的女孩叫李寄。当李寄听到征募祭蛇的消息后，对父母说："请把我卖给官府，我愿意去当祭品！"

李诞和妻子怎么忍心让女儿葬身蛇腹？他们坚决不同意。

李寄对父母说："爹娘没有一个能够支撑门户的男孩。我没有缇萦到皇宫上书救父的能力，也不能供养父母，留在家里只是浪费粮食，不如让我去祭蛇吧。如果你们可以用卖我的钱来维持生活，就算我对父母报恩了。这不是一件好事吗？恳求爹娘允许我去吧！"

李寄的父母慈爱，怜惜女儿，任凭李寄怎么劝说，他们都不听。

李寄悄悄离家去了官府，报告官员："我愿意卖身做祭品，把钱留给父母用！"

官员欣慰：今年终于有祭品了！

表面上李寄愿意当祭品给父母换来维持生活的费用，但真是这样吗？并不是。李寄已经下定斩蛇的决心！

李寄的祭蛇条件

李寄对官员们说："你们要把我当祭品，得满足我几个条件！"

官员赶紧问："什么条件？"

李寄说："第一个条件是准备几石（dàn）拌上蜜糖的熟糯米，再把这些食物放到蛇洞口；第二个条件是给我准备一只能咬蛇的猎犬；第三个条件是给我准备一把锋利的宝剑。"

将乐县官府的人都照办了。官员大概觉得，反正女孩要葬身蛇口了，她最后的愿望就帮她实现了吧！

到了祭祀大蛇的日子，李寄带着宝剑，牵着猎犬，到大蛇出没的庙中坐下。跟随她来的人将几石拌上蜜糖的糯米堆在蛇洞口，就急急忙忙离开了。

这会儿在大蛇洞外的只有李寄和她的猎犬了。

弱小的女孩该怎么对付狂暴、巨大的蛇呢？

李寄斩蛇天衣无缝

大蛇出来了！头极大，眼睛像两面大镜子，露着凶光。

大蛇嗅到了食物的香气，蜿蜒向前，急忙把一大堆食物吞了。

李寄一直沉着冷静地看着蛇吞吃食物，这时她把猎犬放了出来，猎犬猛然咬住蛇的七寸。李寄跟在蛇的后边，往蛇身上连砍几剑。大蛇又痛又急，整个身子从洞中踊出，翻腾几下，死了！

李寄进入蛇洞检查，看到九个女孩的髑（dú）髅，她把这些髑髅一一搬出蛇洞，以便家长前来领取。李寄对着这些可怜的遗骨叹息："你们都太怯弱了。为蛇所食，实在可怜可悲！"

李寄不慌不忙地回了自己的家。

作恶多年的大蛇被消灭了，延续多年的以女孩祭蛇的陋习被废止了。

从此，这个地方没有了妖邪之物，这里到处传唱着李寄斩蛇的歌谣。

我觉得少女李寄斩蛇比水浒英雄武松打虎还精彩，还有教育意义。武松是在猝不及防的情况下奋力打虎自救，李寄却是在大蛇虐害百姓多年、众人束手的情况下主动出击的。那么多官员多年来对大蛇无计可施，让大蛇成了主宰一方黎民的妖神，害得九个家庭把女孩献给大蛇。十二三岁的女孩李寄就是在这种情况下挺身而出的。

在李寄生活的年代，社会上讲究男尊女卑，人们传统地认为只有男孩可以给家庭带来希望、带来生活保障。父母把女孩养大，也只能让她嫁人。李寄不甘心，她坚持卖掉自己给父母赚取生活费。这份孝心使李寄迈出了这一步。

更可贵的是，李寄并不把牺牲自己为父母尽孝作为她的根本目的。她到官府毛遂自荐时，已经下定为民除害的决心，还聪明地运用策略，确保准确制服大蛇。

首先，她用堆在蛇洞口的数石食物引诱饥饿的大蛇吞食，分散蛇的注意力；

然后，她用猎犬咬住蛇的要害处，所谓打蛇要打"七寸"；

最后，她奋力用利剑砍蛇。

当李寄砍蛇时，大蛇已毫无反抗力。

于是我们看到，一个文弱少女对付"长七八丈，大十余围"的巨蛇。这种以至弱至小胜至强至大的精神，令人钦佩。

弱小的李寄在生死关头，既像克敌制胜的大将一样指挥若定，又像心细如发的绣花少女一样，把"灭蛇图"绣得天衣无缝。

"越王"是谁

"越王闻之，聘寄女为后。"

李寄用自己的行为改变着歧视女孩的世俗观念。越王聘她为王后，任命她的父亲为县令，并奖励了她的母亲和姐姐们。

估计越王此举有些深层次的考虑：封建社会的一国王后要"母仪天下"，也就是要为整个社会的女性做出榜样。越王聘李寄为王后，大概是希望越国的女性能向李寄学习，成为有志气、有作为、有担当的女性吧！

因为李寄斩蛇的故事是《搜神记》里的一篇，而《搜神记》被界定为志怪小说，于是，有人就把李寄也当成一个虚构的人物。其实李寄是感动历史学家干宝的真实人物。干宝在李寄篇末说的"越王聘李寄为后"，并不是小说家之言。

那么，这个"越王"是谁？他是汉朝藩属国南越国的国王，可能是南越王赵佗或者他的继位者——四位南越王中的一个。

赵佗原是秦朝将领，是南越国的创建者。汉高祖十一年（前196 年），刘邦派遣大夫陆贾出使南越。赵佗接受了汉高祖赐给南越王的印绶，南越国臣服于汉朝，成为汉朝藩属国。汉武帝建元四年（前 137 年）赵佗去世，活了一百多岁。如果李寄不是他的王后，则可能是他继任者的王后。

　　干宝这篇不到五百字的李寄斩蛇的故事，塑造了一位丰满感人的少年英雄形象。我之所以费力比较详细地交代了"越王"的情况，就是为了说明：李寄不是小说家虚构的人物，而是真实的少年。李寄斩蛇的故事赞颂了李寄的智勇双全，表现出人们对正义、公平的渴望。

干宝：（？—336 年），字令升。东晋文学家、史学家。他自幼博览群书，曾被召为佐著作郎，负责国史《晋纪》的撰写。因为记述真实，干宝被称为"良史"。由他撰写的《搜神记》蕴含着丰富的社会内容，反映出一定的时代、政治、文化状况，具有积极的思想意义和学术价值。

词句学习角

含沙射影：也作"含沙射人"，比喻暗中攻击或陷害人。《搜神记》卷十二中记载了一种叫"蜮"的动物，能喷沙害人，人被射中会发疮。

不谋而合：事前没有商量而见解一致。《搜神记》卷二："二人之言，不谋而合。"

花木兰

替父从军的英雄少女

花木兰是中国古代著名的女英雄。

从小香玉的豫剧，到美国好莱坞的动画片，我们可以看到各种版本的花木兰形象。

起初，她的事迹是通过《木兰诗》传诵开的。

《木兰诗》是首优美的叙事诗，叙述了女英雄木兰的故事。

木兰姓什么？《木兰诗》里没有提到。后人用"花"做女英雄的姓氏别有一番韵味：鲜花般的少女，同样可以为国征战，建立功勋。

毅然替父从军

木兰从军的时代背景是北魏和柔然的战争。柔然是强悍的游牧民族。

公元 386 年，鲜卑族拓跋珪建立北魏。北魏虽是少数民族政权，但仍看重儒家思想。忠于国家、孝顺父母被看成重要的美德。

木兰不是侯门千金，而是普通百姓家的少女。在那个时代，女性结婚很早。诗中的木兰还在父母身边织布，说明她虽然年少，却能辛勤劳动、为父母分劳。

这一天，木兰像往常一样织布，家人却听不到织布机的声音，只听到木兰一声一声的叹息。

母亲问："木兰啊木兰，你有什么伤心事？"

木兰说："我自己没什么伤心事，只是昨夜见到可汗征兵的文书，卷卷都有爹的姓名！"

可是木兰父亲年老体衰，哪能承受长途奔波和战场厮杀？

爹娘没有大儿子，木兰没有长兄，怎么办？

木兰坚决不让父亲吃苦受累！

她说："我决心买来战马、备上鞍，代替爹爹出征！"

十几年戎马生涯

木兰跑遍了各个市场为出征做准备：从东边的市场买来一匹骏马，从西边的市场买来合适的鞍鞯（jiān），从南边的市场买来辔（pèi）头，从北边的市场买来长鞭。

木兰打扮成男子的样子，牵着骏马，以父亲长子的身份到招兵处报到。报到后，她换上领来的士兵服装，宛然一个英姿飒爽的男儿。

木兰在一天清晨告别了爹娘，晚间歇宿在黄河岸边。

她多想听到爹娘呼唤女儿的声音，但是她只听见黄河流水的声响。

木兰第二天清晨离开了黄河，纵马奔驰，晚间来到黑山头。离开父母的木兰，多想听爹娘呼唤女儿的声音，但她只听见燕山胡马的叫声。

木兰万里迢迢奔赴战场。她白天千山万水行军如飞，夜晚听着从北方传来的打更的声音，清冷的月光照着她的铁甲战衣。

木兰从军时只是普通的战士，南征北战多年，她因为智勇双全、战功卓著，成了赫赫有名的将军。不少战士战死沙场，木兰却得胜而归。

将士们终于赶走外敌，保全边疆。木兰胜利归来朝见天子。天子高坐在明堂之上，接见木兰。

论功行赏，可汗授予木兰极高的军功爵位，并重赏于她。

可汗问："木兰，你还有什么要求？现在是和平时期，授你个尚书郎，继续在朝辅佐寡人吧！"

木兰回答："谢谢可汗！木兰不愿意继续在朝廷为官，请赐我一匹日行千里的骏马，送我返回故乡侍奉爹娘！"

十几年啦，木兰想念自己的家，想念亲爱的爹娘，想念织布绣花的生活，她归心似箭。

不知木兰是女郎

穿着将军戎装的木兰，在战友们的簇拥下回到家乡。

爹娘听说木兰得胜归来，互相搀扶着迎接她。

姐姐听到妹妹归来，急忙在窗前打扮梳妆。

小弟听说姐姐归来，磨刀霍霍忙着杀猪又宰羊。

木兰回到日思夜想的家，还来不及脱下戎装，先充满喜悦地在家里转来转去，看看十几年来家里有什么变化。然后，她惬意地坐在自己舒服温暖的床上——终于不再风餐露宿啦！

木兰赶快脱下战袍，换上美丽的女儿衣裳！

她对着窗子，一边兴味盎然地看着熟悉的家园景色，听着美妙的鸟儿啼鸣，一边把乌云一样的头发梳理成少女的发髻，插上荆钗，再对着铜镜细心地在额头贴上花黄。

当个普普通通的女儿，一个依偎在爹娘身边撒娇的女儿，是多大的幸福！

木兰走出房门重见伙伴。伙伴一见她，全都大惊失色！

一起战斗了那么多年，伙伴们竟然不知木兰原来是女郎！

木兰笑了，对伙伴们说："提着兔子的耳朵把它们悬在半空时，雄兔的两只前脚会不住地乱动，雌兔会把眼眯成一条线。但是当两只兔子一起跑起来时，怎能认出谁是雌来谁是雄？"

木兰说得真好！现在的木兰是红装美女，战场上的木兰却跟男子汉一样奋勇杀敌，巾帼不让须眉！

《木兰诗》在《乐府诗集》中被收入《横吹曲辞·梁鼓角横吹曲》。诗评家们对《木兰诗》给予了很高的评价，认为它是乐府中的千古杰作。全诗抑扬跌宕，活泼生动。

后来，木兰的形象不断被丰富，她成为中华民族历史上家喻户晓的女英雄。

我们来欣赏一下，这首塑造了木兰英雄少女形象的北朝民歌吧！

木兰诗

唧唧复唧唧①，木兰当户织②。

---

① 唧唧复唧唧：反复叹息的声音。
② 当户织：对着门织布。

不闻机杼声①，唯闻女叹息。

问女何所思，问女何所忆。

女亦无所思，女亦无所忆。

昨夜见军帖②，可汗大点兵③，

军书十二卷④，卷卷有爷⑤名。

阿爷无大儿，木兰无长兄，

愿为市鞍马⑥，从此替爷征。

东市买骏马，西市买鞍鞯⑦，

南市买辔头⑧，北市买长鞭。

旦辞爷娘去，暮宿黄河边，

不闻爷娘唤女声，但闻黄河流水鸣溅溅⑨。

旦辞黄河去，暮至黑山⑩头，

---

① 机杼（zhù）声：织布机发出的声音。机，指织布机。杼，织布的梭子。
② 军帖：征兵的文书。
③ 可汗：我国古代西北地区民族对最高统治者的称呼。大点兵：大规模征兵。
④ 军书十二卷：多卷征兵名册。十二，表示多，不是确指。
⑤ 爷：和下文的"阿爷"都指父亲。古代北方习惯称父亲为"阿爷""爷"，
称母亲为"娘"。
⑥ 市：买。鞍马：马匹和乘马用具。
⑦ 鞯：马鞍下的垫子。
⑧ 辔头：驾驭马所用的嚼子和缰绳。
⑨ 溅溅：水流声。
⑩ 黑山：和下文的"燕山"都是当时方的山名。

不闻爷娘唤女声，但闻燕山胡骑鸣啾啾①。

万里赴戎机②，关山度若飞③。

朔气传金柝④，寒光照铁衣⑤。

将军百战死，壮士十年归。

归来见天子，天子坐明堂⑥。

策勋十二转⑦，赏赐百千强⑧。

可汗问所欲⑨，木兰不用尚书郎⑩，

愿驰千里足⑪，送儿还故乡。

爷娘闻女来，出郭相扶将⑫；

阿姊闻妹来，当户理红妆；

---

① 胡骑（jì）：胡人的战马。胡，中国古代对北方和西方各族的泛称。啾啾：马叫的声音。

② 万里赴戎机：不远万里奔赴战场。

③ 关山度若飞：像飞一样跨过一道道关隘，越过一座座山。

④ 朔（shuò）气传金柝（tuò）：北方的寒气传送着打更的声音。朔，北方。金柝，即刁斗，古时军中白天用来烧饭、夜里用来打更的器具。

⑤ 铁衣：铠甲，古代军人穿的护身服装。

⑥ 明堂：古代帝王举行大典的朝堂。

⑦ 策勋十二转（zhuǎn）：记很大的功。

⑧ 赏赐百千强：赏赐很多的财物。百千，形容数量多。强，有余。

⑨ 问所欲：问（木兰）想要什么。

⑩ 不用：不做。尚书郎：尚书省的官。尚书省是古代朝廷中管理国家政事的机关。

⑪ 愿驰千里足：希望骑上千里马。

⑫ 郭：外城。扶将：互相搀扶。

小弟闻姊来，磨刀霍霍①向猪羊。

开我东阁门，坐我西阁床②。

脱我战时袍，著我旧时裳。

当窗理云鬓③，对镜帖花黄④。

出门看火伴⑤，火伴皆惊忙：

同行十二年，不知木兰是女郎。

雄兔脚扑朔，雌兔眼迷离；

双兔傍地走⑥，安能辨我是雄雌？

---

① 霍霍：磨刀发出的声音。

② 阁：特指女子的卧房。

③ 云鬓：像云那样的鬓发，形容好看的头发。

④ 花黄：古代女子的面部饰物。用金黄色纸剪成星月花鸟等形状贴在额上，或于额上涂点黄色。

⑤ 火伴："火"同"伙"，古时兵制，十人为一火。

⑥ 双兔傍地走：雌雄两兔贴近地面跑。

北朝民歌：北朝时期民间诗歌的总称，主要收录在《乐府诗集》中，《敕勒歌》《木兰诗》是北朝民歌的名篇。艺术风格质朴坦率、豪放刚健。在内容上，北朝民歌广泛反映北朝的社会现实和时代特征。北朝民歌对于研究北朝的政治、经济、军事、民族文化交流、民族融合等方面均有意义。

扑朔迷离：扑朔，乱动；迷离，眼睛半闭。原形容难辨兔的雄雌，后形容事情错综复杂，不容易看清真相。

巾帼不让须眉：指女子不次于男子。巾帼，古时女子的头巾和发饰，借指女子；须眉，古时男子以须眉浓秀为美，借指男人。

骆宾王

名气从七岁开始

在中国古代文学史上，有不少诗人在"小学生"的年龄成名，唐初的骆宾王便是其中的代表。

七岁成名的骆宾王坚持不懈地读书，遇挫折而不坠青云之志，遭谗害而不丧人格。他越是遇到困境越是诗才迸发，终于把自己写进了中国文学史。

七岁咏鹅

我们先来看一下这首对中国孩子来说再熟悉不过的《咏鹅》：

鹅，鹅，鹅，曲项向天歌。

白毛浮绿水，红掌拨清波。

第一句三个"鹅"字，描绘的是一群鹅，是孩童因热爱鹅而反复咏唱的表现。

第二句不是直接地、笨拙地写鹅鸣叫，而是巧妙地写鹅朝着天空放歌。多有诗意啊！"曲项"二字，生动地描绘出鹅朝天长鸣的优雅形象。

三、四句写鹅群悠然自得地游在水中。鹅毛是白的，江水是绿的，鹅掌是红的，水波是清的。"白""绿"对照，

"红""清"映衬，既对仗工整，又充满童趣。

相传，骆宾王七岁时随祖父读书，此时他过目成诵，涉笔成文。

一天，有位朋友来访，骆宾王的祖父抑制不住爱孙之心，夸奖小孙子已经读了不少书，小小年纪已经会写文章了。朋友漫不经心地听着，觉得爷爷因疼爱孙子而夸大其词也是人之常情。

祖父的朋友告辞，骆宾王跟着祖父一起送客。走到一湾池塘边，祖父的朋友突发奇想，对骆宾王说："你能就眼前这些鹅吟首诗吗？"

骆宾王应声吟道："鹅，鹅，鹅，曲项向天歌。白毛浮绿水，红掌拨清波。"

骆宾王整天在池塘边玩耍，这群白鹅早就成了他的"好朋友"。

骆宾王以童心童趣，用优美的文字绘出一幅色彩鲜明的油画。

祖父的朋友惊讶得合不上嘴。

想不到他随口一问，竟然引出一首将来会脍炙人口的诗歌。

我在想，骆宾王在创作这首诗时，是不是想起了王羲之"书成换鹅"的故事了呢？

《在狱咏蝉》

骆宾王是初唐四杰之一。他仕途并不太顺利，但诗歌和文章写得好。二十世纪六十年代，我在中文系读书时，在古代文学必修课上学过他的《在狱咏蝉》：

西陆蝉声唱，南冠客思侵。

那堪玄鬓影，来对白头吟。

露重飞难进，风多响易沉。

无人信高洁，谁为表予心？

这是骆宾王被关进监狱后写的诗歌。他为什么进监狱？因为他担任侍御史得罪权贵了。当时侍御史的职责之一是要认真调查官员是否渎职，然后报告朝廷。骆宾王几次给皇帝上书讽谏，却被诬陷入狱。骆宾王虽然受尽折磨，但不屈服，还写下文章和诗歌明志。

五律《在狱咏蝉》前边有一篇序，交代了写这首诗的背景：他被关押的地方是御史台的监狱，那里有几株古槐。夕阳西照、秋蝉鸣唱时，他由蝉蜕皮联想到正人君子自洁其身。他虽然被诬陷，但决不动摇意志，依然冷眼观察宵小横行。他借咏秋蝉来表明自己的心志。

骆宾王借诗抒发情怀，作不平之鸣。《在狱咏蝉》慷慨感人，成为唐代初年的诗歌代表作之一。这首在监狱写的诗让他的诗名、才名更响亮了。

后来，骆宾王因朝廷立太子被大赦出狱。

讨武则天檄文

骆宾王更为知名的作品是《代李敬业讨武氏檄》。

李敬业讨伐武则天是发生在唐朝前期的一场影响巨大的政治事件。武则天当政后，废唐中宗为庐陵王，代替唐睿宗处理政事。她又追尊武氏先祖，重用武氏族人，使得唐宗室人人自危。李敬业在扬州起兵反武则天，被贬为临海丞的骆宾王参与起事，起草檄文。

骆宾王在檄文中揭露了武则天的种种恶行：她本来是个地位很低的妃嫔，却迷惑唐太宗父子，在宫廷斗争中采取各种非法手段上位，残害大唐忠良……真是令天地不容。现在皇唐旧臣李敬业志安社稷，铁骑成群，叱咤风云，何敌不摧，何功不克？

檄文气势磅礴地宣告："请看今日之域中，竟是谁家之天下！"

骆宾王在文中宣扬李敬业起兵讨伐武则天是正义的，是恢复大唐宗室的必要行动。檄文感情激越、言辞慷慨，有很强的鼓动性和号召力。

《代李敬业讨武氏檄》传到长安，武则天看到后并不生气，反而说：骆宾王这样的人才流落在外是宰相之过。武则天紧急调拨军队前往平叛，用近五十天平定了局势。李敬业等在溃逃途中被杀。

李敬业讨伐武则天惨败，檄文却久传不衰，被后人称为"天下第一檄文"。

骆宾王下落如何？有人说他逃亡后隐居，有人说他在武则天平叛中被杀。

从《咏鹅》到《代李敬业讨武氏檄》，骆宾王以胸襟才情为中国古代文学留下亮丽一笔。

贞观之治：中国历史上对唐太宗贞观年间政绩的美称。唐太宗贞观（627年—649年）年间，生产恢复，社会安定，民族融洽，政治清明，人民安居乐业，国力日益强盛。贞观朝廷人才济济，许多文学之士也得以施展才能。

词句学习角

蛾眉：蚕蛾须状触角弯曲细长，比喻女子长而美的眉毛，也指女子貌美。《诗经·硕人》："螓首蛾眉。"《代李敬业讨武氏檄》："蛾眉不肯让人。"

风云变色：比喻局势变化巨大。《代李敬业讨武氏檄》："喑呜则山岳崩颓，叱咤则风云变色。"

范仲淹

少年郎的苦读生涯

　　在中华民族五千多年文明史上，涌现出许多文化巨匠，他们中有的还是政坛巨擘。他们像璀璨的明星，闪耀着光芒。范仲淹（989年—1052年）便是其中很有代表性的一位。我们在《栋梁之材如何炼成》里已经了解了他作为政治家的功绩，如果我们进一步了解他青少年时的经历，就会知道他的丰功伟绩、高尚人格与年少苦读有多密切的关系了。

　　咱们从大家熟悉的《岳阳楼记》说起吧。

洞庭湖边的读书郎

　　范仲淹的《岳阳楼记》是他为好友滕子京重修岳阳楼而写的。范仲淹在文章开头赞赏滕子京虽被贬官到巴陵却让当地"政通人和，百废具兴"。在文章末尾，他宣布自己的人生准则："居庙堂之高则忧其民，处江湖之远则忧其君。是进亦忧，退亦忧。然则何时而乐耶？其必曰'先天下之忧而忧，后天下之乐而乐'乎！"意思是：我不管在皇帝身边做高官，还是被贬到地方做父母官，都不以个人利益为重，而以国家和人民的利益为重。

　　"庙堂之高""江湖之远"对现在的青少年来说并没有太多的实际意义，然而"先天下之忧而忧，后天下之乐而乐"对当代青少年、对整个中华民族而言却是永恒的格言。

　　《岳阳楼记》描绘洞庭湖美景的段落朗朗上口：

若夫淫雨霏霏，连月不开，阴风怒号，浊浪排空，日星隐曜，山岳潜形，商旅不行，樯倾楫摧，薄暮冥冥，虎啸猿啼……

至若春和景明，波澜不惊，上下天光，一碧万顷，沙鸥翔集，锦鳞游泳，岸芷汀兰，郁郁青青。而或长烟一空，皓月千里，浮光跃金，静影沉璧，渔歌互答，此乐何极！

这些文字如诗歌一般精练，像一个个全彩电影镜头拍摄出的画面，更像一幅幅极美的油画！

1957年，我在青州一中读书时，常和同学一起到离学校不远的范公亭游玩。范公亭是为纪念公元1051年做青州知州的范仲淹而建的。同学们坐在范公亭公园里郁郁葱葱的唐楸宋槐下，你一句、我一句地背诵、讨论《岳阳楼记》，这个场景至今还如在眼前！

根据《宋史》等史料，范仲淹是苏州人，曾经到过许多地方做官，然而，专家们很难找到他在岳阳楼的所在地巴陵做过官的记载。那么，他怎么能对洞庭湖和岳阳楼的美景如数家珍呢？

而且，他还写下"予观夫巴陵胜状，在洞庭一湖。衔远山，吞长江，浩浩汤汤，横无际涯，朝晖夕阴，气象万千"这样特别依赖细致观察的句子。

请特别注意"予观"两字，意思再明确不过，"予观"就是"我观察"！

范仲淹是否亲自观察过洞庭湖？我们先来看一下"范仲淹读书堂"。

"范仲淹读书堂"位于洞庭湖边，是范仲淹小时候读书的地方。"范仲淹读书堂"是后来命名的，范仲淹读书时，它叫兴国观村学。所以，我认为范仲淹确实实地观察过洞庭湖、岳阳楼！而且他不止一次观察，不止一年观察！

他晴天时观察过，下雨时也观察过！

他白天观察过，夜晚也观察过！

范仲淹幼年在洞庭湖附近的安乡生活，他在那里刻苦读书，也在那里畅快游玩。洞庭湖和岳阳楼一年四季的美景深深烙在他幼小的心灵中。到了晚年，范仲淹的知识积淀和人生修养达到一定高度。滕子京邀请他给重修的岳阳楼写文章，于是范仲淹用生花妙笔再现了留在心底数十年的洞庭湖美景，同时抒发了一位政治家的胸襟。

那时他还不叫"范仲淹"

不过，当年在洞庭湖边读书时，他还不叫"范仲淹"，而叫"朱说（yuè）"！这是怎么回事？

范仲淹的生父范墉（yōng）是苏州人，曾经任武宁军节度掌书记。范仲淹两岁时，范墉在徐州因病去世。妻子谢氏扶柩（jiù）南归，把丈夫葬在苏州，自己带着儿子艰难度日。因为没有生活来源，谢氏带着儿子改嫁推官朱文翰。范仲淹从此叫"朱说"。为了便于读者理解，无论讲哪个时期的故事，我们都称他为"范仲淹"。

旧时社会舆论歧视随母改嫁的孩子，但善良的朱文翰对继子视若亲生，教他读书，教他做人。

朱文翰是山东淄州长山县人，曾在多地做官。范仲淹随母侍行，跟着继父宦游（因为求官或做官而在各地东奔西走）。每到一处，继父都尽量安排他进学堂读书，这对范仲淹后来的人生至关重要。

当朱文翰到安乡任职时，他把继子范仲淹送到兴国观村学读书，由司马道士照顾。

范仲淹伴随着洞庭湖一年四季不断变幻的美景，度过了一段读书时光。

范仲淹虽然知道自己并非朱文翰亲生，但只要继父在，他仍把自己看作朱家子弟。他二十七岁中进士做了官。后来他向皇帝请求认祖归宗，改名范仲淹。他和朱文翰的父子关系维持了二十多年。范仲淹是继父朱文翰辛辛苦苦养育、训导，并一手栽培的。父恩难忘，范仲淹虽认祖归宗，却也给皇帝上书，要求回赠继父一官。

相传在他改名后，司马道士和当年的同学兴奋地把兴国观村学改名为"范仲淹读书堂"。

稀粥咸菜　日夜读书

我们再来看一下范仲淹刻苦读书的故事。

朱文翰退休后，回到淄州长山县。他本来官位不高，再加上子女多，所以生活不富裕。家人托人给年少的范仲淹找了一家店铺当学徒。没过多久，范仲淹就回家要求继续读书。朱文翰看准继子是读书的苗子，就支持他到长白山醴（lǐ）泉寺专心读书。

范仲淹在这里怎么吃饭？"划粥断齑"。他读书时常常只吃稀粥和咸菜。齑是韭菜、姜、蒜等的碎末，是古代贫苦人家的常备菜。

北宋人彭乘在《墨客挥犀》中记载：范仲淹用两升粟米，煮成一锅粥，放一夜后，粥凝结成块，他用刀子将其切成四块，早晚各取两块，再切上一小撮咸菜，拌上一点儿醋，加上少许盐，稍微加热一下吃。这样吃了三年，读了三年。

原文如下：

　　日惟煮粟米二升，作粥一器，经宿遂凝，以刀为四块，早晚取二块，断齑十数茎，醋汁半盂，入少盐，暖而啖之，如此者三年。

　　范仲淹说自己"旧日某修学时，最为贫窭（jù）"。他和学友刘某在长白山僧舍时，一锅粥两个人吃一天。

　　在醴泉寺苦读一段时间后，寺里的高僧催促范仲淹参加科举考试。范仲淹在参加了"学究一经"科的考试后，有了"学究"的称号。《水浒传》里"智多星"吴用就被称为"吴学究"。

　　在醴泉寺读书时，范仲淹听说谏议大夫姜遵回长山探亲，就和几位学友一起拜见这位已经中进士多年而且名声很好的前辈。

　　司马光在《涑（sù）水记闻》中记下了这段逸事。姜遵跟来拜访他的青年学子交谈后，回到中堂对夫人说："这位朱学究（范仲淹），年虽少，奇士也，将来不仅能做显官，还将立盛名于世。"

　　姜遵慧眼识人，后来范仲淹确实做出了伟大的事业！

窖金赠寺

"划粥断齑"的故事展现出范仲淹刻苦读书、贫窭不移的精神。如果当时突然有大财可发，范仲淹会做出怎样的选择呢？

《章丘县志》记载了范仲淹在醴泉寺读书时"见窖金不发，及为西帅，乃与僧出金缮寺"的事。朱文翰的后人朱鸿林先生把这件事写成了生动精彩的故事，在此引用如下：

寺院住持见范仲淹家贫笃学，每天赠饼充饥。一天深夜，范仲淹正在埋头读书，忽见一只老鼠正在拖走他的饼子。他立即追赶，见老鼠钻进殿前那株老荆树东边的洞穴去了。他立刻找来铁锹刨鼠洞，刨着刨着，见下面有个地窖，扒开土石一看，啊，原来是一窖黄灿灿的金子。仲淹一点没有为这么多黄金所动心，连忙埋好。几天后的一个深夜，又有一只鼠儿偷饼，钻进荆树西边一个洞穴去了，结果使得范仲淹又发现一窖白花花的银子。仲淹照样予以掩埋。

二十年后，范仲淹官拜龙图阁直学士，奉旨出征西夏。这年，醴泉寺遭了大火，寺院几乎被烧光。住持想修复，但又身无分文，一筹莫展，苦闷中忽然想起身居高位的范仲淹，于是立即打点行装，一路化缘西行，跋山涉水直奔延州而去，不日到了帅府。仲淹见到老僧十分亲切，待若上宾，问寒问暖，关怀备至，并且尽量抽出时间与老僧交谈，一块弈棋，一起用斋饭。老僧住了些日子，见仲淹与士兵同甘共苦，生活十分俭朴，求助的事也就没有开口。又住了几天，老僧提出要回寺。仲淹因为边事繁忙，也没有强留，临行，取出一包茶叶相赠。

老僧回寺，看到眼前残垣断壁，一片废墟，想想自己千里跋涉一无所获，心中不免有点酸楚，看看茶叶，这有什么用呢？便随手丢在一边。长山知县听说老僧归寺，专程赶来打听范公情况。老僧不敢怠慢，可又无力接待，忽然想到那包茶叶，便打开包装。一时，老僧呆住了，原来里头有范仲淹的一封信，上面写着一首小诗："荆东一池金，荆西一池银。一半修寺庙，一半斋僧人。"老僧立即派人去刨，果然刨出一窖黄金一窖白银。

钱有了，醴泉寺修复了，余下的钱买了三百多亩庙田，僧人们自耕自食，安然修行。

湖南安乡流传着相似的故事：

有一次，兴国观失火，需要重修。由于没钱，有人就建议：范仲淹做了大官，何不向他求助？于是范仲淹当年的同学潘安生前往京城，寻找做官的范仲淹……

这个故事跟《章丘县志》中的"窖金赠寺"的故事大同小异。这个故事中的窖银是埋在范仲淹读书的座位下边。

范仲淹写过《齑赋》，说明他曾经对咸菜"情有独钟"，也可见"划粥断齑"的故事有一定的真实性。至于"窖金赠寺"的故事是不是后人"合理化虚构"的，已无从查证。

结缘应天府书院

　　公元 1011 年，范仲淹进入中国古代著名的书院——应天府书院读书。

　　他在这里是如何读书的？位列"唐宋八大家"的欧阳修这样记载：

　　　　去之南都，入学舍，扫一室，昼夜讲诵，其起居饮食，人所不堪，而公自刻益苦。居五年，大通六经之旨，为文章，论说必本于仁义。

　　　　　　　　　　　　——《范文正公仲淹神道碑》

　　意思是：范仲淹在应天府书院不分昼夜地苦读，生活艰苦到一般人难以忍受的程度，但他在这里安心读了五年书，掌握了儒家经典并用它来指导自己写文章。

还有记载说，范仲淹在应天府书院读书的时候，夜晚从来没有解衣就枕，就算连稀粥都喝不上，也不接受富贵同学送的饭菜。他说："我如果猛然吃了美味佳肴，以后还能忍受每天喝粥吗？"

经过少年苦读、青年求学，范仲淹终于学有所成——考中进士，步入仕途。在他三十几岁时，晏殊推荐他掌管应天府书院。范仲淹为北宋儒门教育的复兴做出了重要贡献，历史学家对此做过很多研究。

文史小知识

应天府书院：位于河南商丘。商丘古称睢阳，故又名睢阳书院。北宋戚同文讲学于此，称"睢阳学舍"。后来，诏改应天府为南京，故一度有"南都学舍"之称。它与江西庐山白鹿洞书院、湖南长沙岳麓书院、河南嵩山嵩阳书院并称"中国古代四大书院"。

词句学习角

先天下之忧而忧，后天下之乐而乐：在天下人忧愁之前先忧愁，在天下人快乐之后才快乐。这句话出自宋代范仲淹《岳阳楼记》，寄托着他以天下为己任的政治抱负，也是他一生爱国的写照。

不以物喜，不以己悲：不因外物和自己处境的变化而喜悲。即使面对困难、挫折，也能保持冷静、理智，不被情绪左右，是一种超越了物质追求、注重精神修养的境界。出自范仲淹《岳阳楼记》。

蔡琰 谢道韫 薛涛

年少成名的女诗人

在中国古代文学史上，有不少以女性口吻写的佳作，而女性作者却没有那么多。不过，在历史长河中，依然有一些出色的女诗人为后世留下了不朽的诗篇。

汉代的蔡琰、东晋的谢道韫、唐代的薛涛等都是年少成名的女诗人，她们为后世留下了千古传诵的名作。

蔡文姬《胡笳十八拍》青史留名

蔡文姬名琰，字文姬，是中国古代著名才女。

蔡琰的父亲蔡邕是著名文学家、书法家、音乐家，他曾经做过左中郎将，人称"蔡中郎"。

蔡琰自小聪明过人，读书过目不忘，还懂音律。

相传，有一天晚上，蔡邕弹琴时断了一根弦。

在另外一个房间的蔡琰说："断的是第二弦。"

这时的蔡琰只有六岁，蔡邕认为女儿是蒙对的。

蔡邕再弹琴时，故意弄断一根弦，问蔡琰断的是第几根。

蔡琰说："第四根。"还是一点儿也不错。

公元192年，蔡邕被司徒王允杀害。公元194年，天下大乱，胡骑攻入开封。之后，蔡琰被胡骑掳走，在南匈奴待了十二年，与左贤王生了两个儿子。曹操跟蔡邕是好朋友，知道他女儿流落南匈奴，便派人拿着重金到南匈奴赎回了蔡琰。蔡琰忍痛告别幼子，回到中原潜心著述。之前，蔡邕留给女儿许多古书，这些书在战乱中散佚。如今，蔡琰凭记忆写下部分作品，使在当时已经散佚的一些作品得以流传后世。

蔡琰的书法造诣也很高。相传她流传至今的书法作品叫《我生帖》。这幅作品留下的只有"我生之初尚无为，我生之后汉祚（zuò）衰"两句，这是她的名作《胡笳十八拍》第一拍的开头两句。蔡琰的书法学自父亲蔡邕，钟繇的书法也学自蔡邕。卫夫人的书法学自钟繇，而卫夫人又是王羲之的书法启蒙老师之一。王羲之是一代书圣。

蔡琰更重要的贡献是她用诗歌的形式把自己在战乱中的不幸遭遇描写了出来。我们来看一下这首《悲愤诗》：

> 嗟薄祜（hù）兮遭世患，宗族殄兮门户单。
>
> 身执略兮入西关，历险阻兮之羌蛮。
>
> 山谷眇兮路漫漫，眷东顾兮但悲叹。
>
> 冥当寝兮不能安，饥当食兮不能餐。
>
> …………

蔡琰在《悲愤诗》中细致描绘了自己的人生经历，渲染出内心的孤苦无依、凄惶痛苦，展现出战乱时代女性的悲情人生。文笔细腻优美，有浓厚的抒情色彩。

　　文学成就很高的长篇叙事诗《胡笳十八拍》相传为蔡琰所作。这首诗共十八段。第一段也就是第一拍，是整个胡笳十八拍的"主题陈述"。它讲述了在汉室衰微的时代，干戈日起，人民逃亡，"我"被掳到匈奴，遭受难以忍受的人格污辱，内心痛苦到极点。有什么人能理解"我"，同情"我"，帮助"我"解脱呢？

　　　　　　我生之初尚无为，我生之后汉祚衰。

　　　　　　天不仁兮降乱离，地不仁兮使我逢此时。

　　　　　　干戈日寻兮道路危，民卒流亡兮共哀悲。

　　　　　　烟尘蔽野兮胡虏盛，志意乖兮节义亏。

　　　　　　对殊俗兮非我宜，遭恶辱兮当告谁？

　　　　　　笳一会兮琴一拍，心愤怨兮无人知！

　　《胡笳十八拍》有汉代乐府民歌的特点——通俗易懂，朗朗上口。这首诗的第八拍尤为有名，它在神韵上可以跟屈原的《天问》媲美：

为天有眼兮何不见我独漂流？

为神有灵兮何事处我天南海北头？

我不负天兮天何配我殊匹？

我不负神兮神何殛（jí）我越荒州？

制兹八拍兮拟排忧，何知曲成兮心转愁。

在不幸的时代，蔡琰的身世也非常不幸，但她以自己的文学才能把那个时代的不幸、那个时代人民遭受的苦难，特别是那个时代女性的苦难生动精彩地记录了下来。《悲愤诗》《胡笳十八拍》具有很高的艺术水准，在中国古代文学史上占有一席之地。

如果没有年少时代的苦读，没有对中华灿烂文化的学习，那么蔡琰的生命恐怕会被湮没在漫漫黄沙中，一生默默无闻。

谢道韫的"咏絮才"

谢道韫出身于东晋颇有势力、颇有名望，也颇有文化的家族。刘禹锡的著名诗句就提到了东晋的两大家族："旧时王谢堂前燕，飞入寻常百姓家。"王家、谢家是东晋的名门望族。谢道韫出生在谢家，嫁到了王家。这两个家庭的趣闻逸事，被刘义庆写进了《世说新语》。谢道韫的名气也主要来自《世说新语》。

谢道韫的祖父谢裒（póu）曾任吏部尚书。谢裒的长子谢奕是谢道韫的父亲，曾任安西将军。谢道韫的三叔谢安是东晋著名政治家、军事家，曾经指挥淝水之战。当时前秦的苻坚率"百万"大军，扬言他的军队投鞭可以令长江断流，能轻而易举地取胜。谢安手里只有八万军队。在敌众我寡的情况下，谢安运筹帷幄，令前秦军队草木皆兵，让淝水之战成为中国历史上以少胜多的典范战例。谢安和他的侄子、名将谢玄因此名留青史。

因为父亲谢奕很早去世，谢道韫跟随三叔谢安生活。谢安经常带着晚辈们游山玩水，和他们谈诗论文。

战国末年鲁国毛亨和赵国毛苌辑注的《诗经》是著名的《诗经》版本。有一次，谢安问孩子们："《毛诗》里哪句最好？"

关于这个问题，《世说新语》里谢玄的回答是："昔我往矣，杨柳依依。今我来思，雨雪霏霏。"

《晋书》中谢道韫的回答是："吉甫作颂，穆如清风。仲山甫永怀，以慰其心。"

谢玄是谢道韫的兄弟。"芝兰玉树"这一成语，就是从他小时候说的一句话里来的。他后来成为战功赫赫的大将。在回答叔父的问题时，谢玄欣赏《诗经》借景抒情的句子。而谢道韫欣赏周宣王的大臣尹吉甫送别好友仲山甫时的句子。二人的选择可谓春兰秋菊各有佳妙。

我读《诗经》时倒是对"杨柳依依，雨雪霏霏"印象特别深。作为大政治家，谢安更欣赏侄女的选择。

关于谢道韫的又一趣闻来自《世说新语》，说的是谢安跟晚辈讨论如何形容雪花时，谢道韫的答复令谢安惊喜异常。

谢安在兄弟中排行第三，跟他讨论诗文的有他大哥谢奕的女儿谢道韫、二哥谢据的儿子谢朗。谢朗的乳名叫胡儿，他后来做过东阳太守，年纪轻轻就有文名。《世说新语》写道：

> 谢太傅寒雪日内集，与儿女讲论文义。俄而雪骤，公欣然曰："白雪纷纷何所似？"兄子胡儿曰："撒盐空中差可拟。"兄女曰："未若柳絮因风起。"公大笑乐。

这段话的大意是：谢安在冬雪纷飞的日子，把晚辈聚集在一起谈论诗文。一会儿，雪越下越大，谢安兴致勃勃地问："纷纷扬扬的白雪像什么？"谢朗说："差不多可以比作在空中撒盐。"谢道韫说："不如比作柳絮凭借风而起。"谢安听了大笑起来。

把下雪形容成空中撒盐，未免有点笨拙，而"柳絮因风起"则把雪花的轻盈飘逸形容得出神入化。谢道韫从此也因"咏絮才"而被后人熟知。

曹雪芹在《红楼梦》中就用"咏絮才"来指林黛玉的才华。

我们来看谢道韫的一首《泰山吟》：

峨峨东岳高，秀极冲青天。

岩中间虚宇，寂寞幽以玄。

非工复非匠，云构发自然。

器象尔何物？遂令我屡迁。

逝将宅斯宇，可以尽天年。

　　谢道韫写于晚年的这首诗，颂扬了泰山的雄伟壮丽，表达了想和五岳之首并存的意愿。这首诗气象宏大，语言精美，堪称佳作。

"女校书"薛涛

唐代著名的女诗人薛涛也是年少成名。

薛涛人称"女校书"。什么叫校书？校书郎是唐代的文官，担任者一般都是进士、"非常之才"。薛涛并没有担任过校书郎的职务，因为她曾在名臣韦皋身边协助处理文案，当时的人便送给她这个雅号。唐代著名诗人王建有首诗：

万里桥边女校书，枇杷花里闭门居。

扫眉才子知多少，管领春风总不如。

薛涛是长安人，随父亲薛郧（yún）流寓蜀地。她八九岁时，就会写诗。

一次，父亲想考考女儿的诗才。

薛郧对女儿说："咱们以梧桐树为题联诗。"

薛郧先说两句："庭除一古桐，耸干入云中。"

薛涛随口应了两句："枝迎南北鸟，叶送往来风。"

她文思敏捷，这两句诗对仗工整，而且很有韵味。

薛郧大为惊奇。薛家有个神童诗人的说法马上传扬开来。

薛涛不仅有文才，还长得如花似玉，十几岁就成为闻名遐迩的"美女诗人"。不幸的是，父亲不久去世。她一边奉养母亲，一边写诗。她的诗名传到了韦皋的耳朵里。韦皋是唐代中期的封疆大吏，曾任剑南西川节度使。他请薛涛到他府上侍酒赋诗。据传说，韦皋曾经向上级请求破例招薛涛为校书郎，但这没有得到批准。薛涛不仅思维敏捷、诗才出众，还很有辩才。许多著名官员、文人都慕名想结识她。何光远《鉴诫录》记载："涛每承连帅宠念，或相唱和，出入车舆，诗达四方。"

后来薛涛常出入于幕府，跟唐代许多著名诗人，比如元稹、白居易等都有交往。

薛涛后来住在浣花溪，她创造了一种深红色小笺纸用来写诗，这种彩笺被世人称为"薛涛笺"。她用这种小彩笺给元稹寄了百余首诗，元稹也曾回复她，夸她诗写得出色：

锦江滑腻蛾眉秀，幻出文君与薛涛。

言语巧偷鹦鹉舌，文章分得凤凰毛。

现在成都望江楼上还有副写薛涛的对联：

古井冷斜阳，问几树枇杷，何处是校书门巷；

大江横曲槛，占一楼烟雨，要平分工部草堂。

说薛涛的诗能跟杜甫的诗平分秋色，未免有些夸张，但是在古代，薛涛在家道中落的境遇下，凭着自己的坚韧与才情，为后世留下若干清丽诗篇是很不容易的。

班昭续《汉书》：班昭，女，东汉历史学家，其父班彪为史学家、文学家，其兄班固著《汉书》未完成而卒。班昭继父兄之业，和马续续撰《汉书》。班昭不仅是《汉书》最后完稿者之一，而且对《汉书》的流传做出了贡献。

词句学习角

东山再起：比喻隐退后再出来任要职，也比喻失势后重新得势。出自《晋书·谢安传》，书中记载谢安曾经隐居在会稽东山，后来又出山做宰相。

投鞭断流：比喻人马众多，兵力强大。出自《晋书·符坚载记》，书中记载前秦符坚欲攻东晋，有部下认为晋有长江之险，不可轻动。符坚夸耀说："以吾之众旅，投鞭于江，足断其流。"

草木皆兵：把草丛和树木都误当作敌方的伏兵，形容内心极度恐惧。出自《晋书·符坚载记》："坚与符融登城而望王师，见部阵齐整，将士精锐；又北望八公山上草木皆类人形，顾谓融曰：'此亦劲（qíng）敌也，何谓少乎？'忧然有惧色。"

诸葛亮 陆游 曾国藩

严爱益子

　　中国古代的仁人志士特别注重对后代的教育。从诸葛亮到曾国藩，他们传下了一些严待甚至苛待后代的故事，也传下了很多有关教育后代的至理名言。

　　前几年，中央电视台的《百家说故事》栏目推出了"家风家教故事"系列节目，我和多位曾在《百家讲坛》"共事"的学者都在这个节目里讲过故事。征得制片人孔媛媛同意，我挑选了几个典型例子，请大家看看，家长望子成龙而严格教子可以帮助子女成材，而家长一味溺爱，则会害了子女。

诸葛亮：淡泊明志，宁静致远

在中国人的心中，诸葛亮（181年—234年）堪称智慧的化身。他的智慧不仅表现在政治、外交和军事方面，还表现在家庭教育方面。他的《诫子书》在历史上很有影响力。

诸葛亮直到四十七岁才有了一个儿子。孩子名瞻，字思远。诸葛亮希望儿子诸葛瞻"志存高远"。诸葛亮老来得子，喜悦之情可想而知。然而他一直忙于国事，常常四处征战，跟儿子相处的时间不是很多。

公元234年，五十四岁的诸葛亮在军营里病重。他一生为了蜀国事业鞠躬尽瘁，此时的他已身心憔悴，预感自己来日无多。想到自己日夜牵挂的儿子诸葛瞻年仅八岁，他不禁担忧起来。他勉强支撑起虚弱的身体，用颤抖的手写下一篇《诫子书》。文章只有八十六个字，却字字珠玑，句句智慧。

在文章的开头，诸葛亮提出："夫君子之行，静以修身，俭以养德。非淡泊无以明志，非宁静无以致远。"他提出君子之行应具备静的心态、俭的品行。静能修身、致远、广才、成学，俭能养德、明志。人只有戒淫慢才能振奋精神，去险躁才能修养性情。一个人如果不能珍惜时光，那么他的意志就会被岁月消磨掉，这个人也终将落魄。

诸葛亮劝勉儿子勤学立志，告诉他修身养性要从淡泊宁静中下功夫，切忌怠惰、急躁。

后来诸葛瞻也和父亲诸葛亮一样，为蜀国鞠躬尽瘁，最终血洒战场，为国捐躯。

短短的八十多个字里，寄托了诸葛亮对儿子的无限期望：

学风上，他要求儿子做到"宁静"二字；

品德上，他要求儿子要节俭；

理想上，他要求儿子要从小明志；

学习方法上，他要求儿子要持之以恒；

性格上，他要求儿子要切忌浮躁，还反复叮嘱儿子要珍惜时间。

从短短的《诫子书》中我们看到了一颗慈父之心，领略到了一种参透人生的智慧。

最可贵的是，要求儿子做的诸葛亮都做到了。因此，《诫子书》不仅是诸葛亮对儿子的嘱托，还是他一生的总结，更是后人修身立志的行为准则。

陆游：修身乃人生要义

陆游（1125 年—1210 年）是南宋著名的爱国诗人，他的很多诗被选入中小学课本。我们来看一下这首《示儿》：

死去元知万事空，但悲不见九州同。

王师北定中原日，家祭无忘告乃翁。

这是陆游八十六岁时躺在病榻上写给儿子的诗，也是陆游写的最后一首诗。

这首诗是在教育儿子要把国家安危放在心中。

那么，陆游平时是怎么教育子女的？

公元 1202 年，陆游的次子陆子龙到吉州任司理参军。可能是想到自己初来乍到，在工作、生活上会有诸多不便，陆子龙便向父亲提出了一个要求。当时陆游的好友杨万里和周必大住在吉州，他们都曾担任过朝中高官，威望与社会影响力很大。陆子龙希望父亲给这两位老朋友写封信，请他们关照一下自己。

按说这个要求并不过分。作为父亲，当然希望儿子有人提携，仕途顺利。可是如果他写信拜托二位好友，儿子会不会以为有了靠山而不思进取？他如果不写，又显得不通情理。思来想去，陆游写下一首五言长诗，作为给儿子的临别赠言。诗中有这样几句：

"益公名位重，凛若乔岳峙。"

"得见已足荣，切勿有所启。"

"又若杨诚斋，清介世莫比。"

"汝但问起居，余事勿挂齿。"

益公指益国公周必大，诚斋是杨万里的别号。

陆游告诉儿子：益国公周必大名高位重，你见见他就行了，千万不要有所求；杨万里是清白耿直的老人，你探望他时，莫要让他为你讨人情，以免败坏他的名声。

陆游经常告诫子女要勤奋读书，不要虚度时光。他给儿子的长诗，字里行间全是对友人声誉的爱惜。这首诗体现了陆游的清高自爱，也饱含着对儿子浓浓的爱意。他婉转地告诫儿子，凡事不要走捷径，要靠自己。

陆子龙看完诗，明白了父亲的用意。他带着父亲的教诲与嘱托前去赴任。

陆游的后人没有辜负他的期望。不管为民，还是为官，他们做到了正直忠诚。

从陆游的家庭教育我们可以看到，家风影响到学风、民风、政风。无数个好家风汇聚在一起，就构成了良好的社会风气。

曾国藩：修身律己，以德求官

鸦片战争后，清政府腐败无能，面对列强，不是割地就是赔款，在外交上相当被动。但是，有位外交官却凭借高超的谈判技巧，从沙俄那里夺回了属于我国的大片领土。这是清末外交史上的一次重大胜利。

这位外交官就是曾国藩的儿子曾纪泽。

曾国藩（1811年—1872年）在历史上的地位自不必说，他的家教家风更被后人传颂。

曾国藩是晚清名臣，可是他的儿子曾纪泽科举考试很不顺利，三次考科举都失败了。当曾纪泽向父亲提出不再走科举考试之路时，曾国藩不但没有训斥他，反而表示赞同。这是怎么回事？

曾国藩本人虽然是通过科举考试进入仕途的，但他却并不希望自己的孩子只会死读书。他给家人写信说：

> 凡人多望子孙为大官，余不愿为大官，但愿为读书明理之君子。

曾国藩还认为，天下进步之路不是只有科举一条。他鼓励儿子按照自己的想法去做。

在父亲的支持和鼓励下，曾纪泽三十多岁开始学习英文，并潜心研究西方文化。1881 年 2 月 24 日，曾纪泽以外交官的身份代表清政府在圣彼得堡同沙俄谈判并且签订了《中俄改订条约》，挽回了此前《里瓦几亚条约》割让的部分国土。

在曾国藩的教育下，他的子女不谋做官发财，只求读书明理。这和当时很多官僚子弟凭借权势挤入官场，甚至把读书当作升官发财的途径形成了鲜明的对比。曾国藩不愿子孙为大官，只希望子孙成为饱读诗书、明白道理的君子。一个人如果能做到勤劳节俭，自我约束，吃苦耐劳，能屈能伸，那么他就是有德有才的人。后来曾家子孙多潜心学问，成为教育界、科技界、艺术界的名家。曾国藩有关家庭教育的思想也为当时及后世的人们推崇。

《颜氏家训》：溺爱的恶果

中国古代非常重视优秀家风的传承，不管是名门望族，还是普通书香世家，往往会给后代留下家训。其中，颜之推所著的《颜氏家训》是一部内容丰富、体系宏大的家训，具有很高的思想价值和文学价值。《颜氏家训》里有一则发人深省的故事，说明溺爱等同于戕害。

北齐武成帝的儿子琅邪王高俨（558年—571年）是太子的同母弟弟。他天生聪慧，武成帝和胡皇后都非常喜爱他。他不论穿的吃的，都与东宫太子相同。武成帝还经常当面称赞他："这是个聪明的孩子，将来应当有所成就。"

武成帝去世，太子高纬即位当了皇帝。

有一次，琅邪王去朝拜皇帝，见皇帝能够享用从地窖里取出的冰块，以及早熟的李子。那个时代还没有冰箱，冬天会有专人从结冰的河里取出冰块，再把冰块放到地窖里，到夏天时拿出来给皇帝享用。这属于高档的享受。

琅邪王高俨回去后就派人去找皇帝索要冰块和李子，皇帝不给他。

皇帝大概想借此提醒高俨：当年在父母的溺爱下，你可以跟我这个当太子的哥哥平起平坐。可是现在不同了，我是皇帝，你是臣子，君臣有别，你要摆正自己的位置，不能再像在父母跟前那样撒娇、任性了。

高俨因此大发脾气，骂道："皇帝有的东西，我凭什么没有？"

在等级森严的宫廷，被溺爱惯了的琅邪王却不知分寸。

后来，高俨讨厌宰相，竟想把他给杀了。高俨动手时，担心有人来救宰相，于是他下令手下军士守卫宫殿大门，这反而给人留下他要起兵谋反的印象。最终，杀害大臣、犯了大忌的琅邪王高俨被处死。

这个故事出自《颜氏家训》的第二篇《教子》。颜之推通过这个故事说明了溺爱的危害。由于北齐武成帝和胡皇后没有节制的宠爱，高俨变得骄纵，任意妄为，最终招来杀身之祸。

过度的爱很容易摧毁一个孩子。在现代社会，溺爱仍是家庭教育中的普遍问题。比如，有的家长不让孩子做家务，导致孩子饭来张口，衣来伸手，不思进取，不懂得顾及别人的感受，想做什么就做什么。颜之推早在一千多年前就向我们表明：你现在不教育孩子，将来整个社会就会替你教育你的孩子！

文史小知识

《颜氏家训》：北齐颜之推（531 年—约 590 年以后）所著的家训，是颜之推记述个人经历、思想、学识以告诫子孙的著作，共二十篇，包括序致、教子、治家、慕贤、勉学等内容。它是中国历史上一部内容丰富、体系宏大的家训，包含了中国古代教育的精髓。

《曾国藩家书》：成书于十九世纪中叶，收录了曾国藩写给父母、诸弟、妻子、子侄等的书信。内容包括曾国藩对治理国家、济世救民之道的阐发，对进德修业、读书求学的指导，以及处理人际琐事和解决家庭经济生计的经验建议，生动地反映了曾国藩一生的主要活动及其治政、治家、治学之道，蕴含了他的哲学体悟和思想精髓。

词句学习角

鞠躬尽瘁：鞠躬，表示恭敬、谨慎；尽瘁，竭尽劳苦。表示小心谨慎，不辞劳苦，竭尽全力。出自《三国志·蜀书·诸葛亮传》裴松之注引《汉晋春秋》："臣鞠躬尽力，死而后已。"

孔子 刘备 文彦博

少年游戏看志向

中国古代的儿童没有现在多样的电子游戏玩，不过他们玩的游戏却比现在的电子游戏要有意思。古人也记载了一些了不起的历史人物少时玩游戏的事，他们认为，从一个人少时玩的游戏中，可以看出他的志向，甚至能看到他的未来。

孔子也玩游戏吗

身为万世师表的孔子（前551年—前479年）也玩游戏吗？

当然玩。因为他也是从一个娃娃长成圣人的。

司马迁《史记·孔子世家》写：

孔子为儿嬉戏，常陈俎（zǔ）豆，设礼容。

这句话是说：孔子小时候做游戏时，经常摆放祭祀时盛祭品的器具，学习祭祀的礼仪动作。

孔子为什么要玩这样的游戏？他是为了表达孝心，寄托对早逝父亲的哀思。

孔子是鲁国人，他的父亲叔梁纥（hé）和母亲颜氏曾向尼丘山神明祈祷，希望能生下一个儿子。孔子出生时头顶凹下去，于是他名"丘"。孔子出生后父亲去世，父亲埋葬在鲁国东部的防山。孔子很想知道父亲的葬处以便去祭祀他，但母亲忌讳此事，不告诉他，他就经常"陈俎豆，设礼容"，遥祭父亲。孔子的母亲去世后，他暂且慎重地把母亲的灵柩放在五父之衢。他在得知父亲墓地的确切位置后，把父母合葬了。

《史记·孔子世家》详尽记载了孔子的一生，司马迁引用《诗经》"高山仰止，景行行止"，说孔子"可谓至圣矣！"

这位"至圣"小时候家里贫穷，社会地位低下，但他年少好礼。我们可以从他玩的游戏中看到他的孝心。

三国人物的游戏

三国时期，英雄辈出。

陈寿的《三国志》记述了重要的三国人物的事迹，包括他们年少时是怎样玩游戏的。

《三国志·蜀书·先主传》写刘备（161年—223年）小时候玩游戏：

> 先主少孤，与母贩履织席为业。舍东南角篱上有桑树生高五丈余，遥望见童童如小车盖，往来者皆怪此树非凡，或谓当出贵人。先主少时，与宗中诸小儿于树下戏，言："吾必当乘此羽葆盖车。"叔父子敬谓曰："汝勿妄语，灭吾门也！"

"羽葆盖车"是什么？是皇帝的专车。"羽葆"是一种古代仪仗，用鸟羽聚于柄头。刘备年幼时没了父亲，跟母亲以贩卖草鞋、织席子维持生活。他看到自己家桑树的形状像皇帝出行时的羽葆，就发出狂言："我一定会坐皇帝的车！"他叔父吓晕了："你这种想取天子而代之的言论，会让我们遭受灭门之灾的！"

刘备年少时的豪言壮语，跟刘邦的对头项羽如出一辙。

《史记·项羽本纪》有这样一段：

秦始皇帝游会稽，渡浙江，梁与籍俱观。籍曰："彼可取而代也。"梁掩其口，曰："毋妄言，族矣！"

梁指项梁，是项羽的叔父。项羽名叫项籍。项羽年少时，看到出行的秦始皇，就说要取而代之，他的叔父赶紧捂住他的嘴："你再胡说八道，我们家就给灭族了！"

《三国志·魏书·贾逵传》写贾逵儿时经常把小朋友组成不同的队伍，让他们互相攻战。他的祖父看到后说："这个孩子长大肯定能做个带兵打仗的将帅！"

贾逵后来果然受到曹操的欣赏，被委以重任。贾逵历仕曹操、曹丕、曹叡（ruì）三世，是曹魏政权中具有军政才干的人物。他随曹丕伐吴，进封阳里亭侯，加号建威将军。在曹魏和东吴的石亭之战中，魏军主帅曹休是皇亲国戚，没有统军才能，他中了东吴的诈降计。在危难情况下，贾逵急速进军，将曹休救出。

四朝元老和浮球少年

活到九十二岁的文彦博（1006 年—1097 年）是宋朝名臣。他少年时代刻苦读书，天圣五年（1027 年）考中进士。之后，他历仕宋仁宗、宋英宗、宋神宗、宋哲宗四个皇帝，出将入相数十年。他临事果断，朝野倚重，高寿而终。

文彦博和范仲淹、富弼、包拯、司马光等名臣有交往。苏轼曾称赞他：

> 其综理庶务，虽精练少年有不如；其贯穿古今，虽专门名家有不逮。

这么一个德高望重的人物，也是从天真少年走过来的。

相传有一次，年幼的文彦博跟小朋友玩耍，他们在院子里拍皮球。

拍着拍着，皮球"噌"地钻到了一个树洞里。

小朋友们围住树洞，一个一个把手伸进去，想把球取出来。

然而树洞太深，哪个小朋友也取不出球。

文彦博说："我有个办法，可以试一试！"

什么办法？把水灌进树洞！

几桶水进去后，皮球就浮了上来。

孩童文彦博是个解决难题的能手，这在当地传扬开来。

文彦博考中进士后，从知县做起，官至宰相。相传，他家乡的人说："三岁看老，浮球娃娃成了匡扶时局的宰相！"

文史小知识

《礼记》：儒家经典之一，是秦汉以前各种礼仪论著的选集。相传是西汉戴圣编纂，是研究中国古代社会情况、儒家学说和文物制度的参考书。

词句学习角

三顾茅庐：东汉末年，刘备为了请诸葛亮出山帮助他打天下，曾三次到诸葛亮的茅庐中拜请。后比喻诚心诚意地登门拜访或邀请某个人。出自诸葛亮《出师表》："先帝不以臣卑鄙，猥自枉屈，三顾臣于草庐之中。"

破釜沉舟：打破饭锅，凿沉渡船，比喻决一死战，也比喻下定决心，不顾一切地干到底。出自《史记·项羽本纪》："项羽乃悉引兵渡河，皆沉船，破釜甑（zèng），烧庐舍，持三日粮，以示士卒必死，无一还心。"

后记

五年前我就跟刘蕾约定，给晓童书写套《自古英雄出少年》。

这套书终于在 2023 年酷暑中完成。

与其说是写童书，不如说是写童年读书经历和老年读书笔记。

我本来以为写起来很容易，没想到特别难。比解读《红楼梦》《聊斋志异》难，比写《煎饼花》《豆棚瓜架婆婆妈》也难。那些"资料"都装在我的脑壳里，顺着敲电脑的手流到纸上就完成了。

《自古英雄出少年》却是另起炉灶，八十岁的我闯陌生领域，自找苦吃。

因为是写给孩子们看的，我的宗旨是：全面收集古今资料，力求传递英杰人物的核心精神。

从历经千百年的历史文献和文学作品中寻找有当代价值

的少年英雄人物及其事迹，是一项浩大的工程。

我得先确定哪个重要人物既是青史留名又是年少成名，然后再去查他的事迹和作品。

一个夏天，从重读《史记》开始，我看了六七百万字的史书、人物传记、文学作品。

琢磨透一个人物，我就写一篇，一篇，一篇，又一篇……

我得找出每个人物的闪光点，找出他对当代青少年有什么教益。

我还得尽量写得通俗一点，让少年读者容易看懂。

我一边读，一边写。郑板桥说得多好，多读古书开眼界：

删繁就简三秋树，

领异标新二月花。

写书成了次要的，读书才最快乐。我老了还能一天读几个小时书，乐在其中，乐而忘忧。

十几年前，孙女阿牛读初中，"家长"（牛运清教授）给她写了幅字：自古英雄出少年。

阿牛把这幅字挂在书房里，她经常坐在这幅字下边敲电脑，上网课。

在这幅字下边，阿牛完成了《纸墨》（牛雪莹著），这本书在当当等网站畅销。

在这幅字下，阿牛收到了清华大学新闻与传播学院博士研究生的入学通知书。恰好这时，被她叫作"奶胖"者，把这套《自古英雄出少年》写完。这下，可以把她"爷胖"的题字印到封面上了。

马瑞芳

2023 年 10 月